所有教師都應該知道的事
學習、記憶與大腦

What Every Teacher Should Know About
Learning, Memory, and the Brain

Donna Walker Tileston　著

簡馨瑩　譯

DONNA WALKER TILESTON

What Every Teacher
Should Know About

Learning, Memory,
and the Brain

目 錄

Contents

目　錄

　　Donna Walker Tileston 博士是一位擁有 27 年豐富經驗的教師，也是一家在全美國與加拿大為學校提供服務的策略性教學與學習（Strategic Teaching and Learning）諮詢公司的總裁。她著作等身，主要著作包括：《與眾不同的教學策略——面對障礙》（*Strategies for Teaching Differently: On the Block or Not*）（Corwin Press, 1998）、《突破障礙的革新策略》（*Innovative Strategies of the Block Schedule*）（Bureau of Education and Research [BER], 1999），以及從一出版就名列 Corwin 暢銷排行榜的《十個最佳的教學策略——大腦研究、學習型態與標準如何界定教學能力》（*Ten Best Teaching Practices: How Brain Research, Learning Styles, and Standards Define Teaching Competencies*）（Corwin Press, 2000）。

　　Tileston 博士在北德州大學（University of North Texas）獲得學士學位，在東德州州立大學（East Texas State University）獲得碩士學位，在德州 A & M 商業大學（Texas A & M University-Commerce）獲得教育博士學位。讀者可以在 www.strategicteachinglearning.com 網站，或者透過 dwtileston@yahoo.com 信箱以 e-mail 跟她取得聯繫。

譯者簡介　簡馨瑩

學歷：國立臺灣師範大學教育心理與輔導學博士
現職：國立臺東大學幼兒教育學系副教授

序言

「學習」，不是只在大腦處理一些文字或資訊的活動，它需要啟動全身細胞的活動。本書旨在探討「學習」是如何發生的，應用這些學習原理於教學實務中，幫助所有的學生成為成功的學習者。在後續的章節裡，我們先深入探討導致學生靈活的學習因素，以及釐清學習緩慢或學習成效不彰的原因。接下來，我們探討如何幫助學生更有效地掌握訊息的因素，以及如何指導學生有效地從長期記憶中提取訊息。最後，我們提出一些教學策略，老師可應用於教學上，幫助學生學習、記憶「陳述性知識」以及重要的「程序性工具」。本書兼顧理論與實務，期在理論與實務間搭起連結的橋樑，協助教師從理解人類學習歷程，在知識理解的過程中，思考並轉化成有效教學的行動。

教學前有一項重要的事，就是協助教師（讀者）認識與本書經常會出現的專業用語。就從有關的基礎詞彙開始吧！看看會產生什麼不一樣的結果。同樣地，閱讀這本書時，也有一些與大腦、認知歷程等相關的專業詞彙與知識，請讀者看看表 1。在表 1 的「你的定義」欄中，寫下此刻你所理解的定義，你對這些詞彙的定義或解釋。在你讀過這本書後，也許有所改變，到時候再看看自己原先的定義或解釋是否改變了，或是你要修正對這些詞彙的初始定義或想法，這時候你把修正過的想法寫進「你修正後的定義」欄裡。

開始行動吧！首先在「你的定義」欄裡寫下你的定義。另外，本書還準備了閱讀前的詞彙測驗。請你依序圈選出下列詞彙的最佳答案。

表1　學習、記憶與大腦字彙表

字彙	你的定義	你修正後的定義
學習成就落差（Achievement gap）		
活化學習（Active learning）		
基本能力（Basic Skills）		
以大腦知識為基礎的教學（Brain-based teaching）		
教練（Coaching）		
建構論（Constructivism）		
陳述性知識（Declarative knowledge）		
個別化教學（Differentiated instruction）		
情節記憶（Episodic memory）		
外顯化教學（Explicit instruction）		
組織圖（Graphic organizers）		
啟發式教學法（Heuristics）		
非直接教學（Indirect instruction）		
認知發展（Cognitive development）		
精熟學習（Mastery learning）		
後設認知（Metacognition）		
程序性記憶（Procedural memory）		

（續）

字彙	你的定義	你修正後的定義
程序性知識（Procedural knowledge）		
教學法（Pedagogy）		
語意記憶（Semantic memory）		
鷹架（Scaffolding）		
理解式教學法（Teaching for understanding）		

譯者序

　　國內最近對於大腦與學習的研究正方興未艾，除了大量引進有關的知識，研究者也期望將研究結果轉化至教師的教學，落實於學生的學習。有鑑於此，當同事倉凱（本叢書翻譯團隊召集人）傳來《所有教師都應該知道的事》系列套書的書單時，我毫不猶豫根據書名，選擇了《所有教師都應該知道的事——學習、記憶與大腦》這本書。原本以為會有深奧的大腦生理結構等專業用語或知識，沒想到翻開書本裡面竟沒有半張腦的剖面圖，也沒有現在流行的 fMRI 等顯影圖。作者從大腦處理資訊的觀點，建議教師們教學時，順應著大腦處理資訊的原則，指導學生接收、搜尋與處理來自外在的各項訊息。作者以他豐富的教學經驗與閱歷，指導過無數教師的教學，帶著我們思考如何為不同學習型態的學生，提供適性的教學，理解不同的記憶與不同性質知識（陳述性、程序性）的關係。這本書個人覺得書中有關教師的程序性教學知識，是值得作為修習師資培育職前課程的教科書或參考書，亦是新手踏入教學職場的珍貴資料。

　　本譯書是在教學討論與翻譯過程中慢慢地產出，特別感謝彥岑、沁育、雅雯、瑞瑩、佳蓉、詩婷、宜莉等同學的參與貢獻。譯稿承蒙吳清山教授指正，受益良多特此致謝。心理出版社林總編輯的奔波及工作伙伴的協助功不可沒，特別在此致謝。書中若有疏漏之處，期望各位先進不吝指正。

簡馨瑩

字 彙 前 測

說明：閱讀完題目後請選出一個最佳的答案。

1. 對於「理解式教學法」的說明，下列何者不是正確的？

    A. 在自然情境下的程序

    B. 不是正確的能夠重複陳述的資訊

    C. 鼓勵高層次的思考

    D. 需要理解的展示

2. 下列何者對於陳述性的目標的描述不是正確的？

    A. 學生能學會單字詞彙

    B. 學生能理解「語意記憶」（semantic memory）的意義

    C. 學生能對語意記憶發展出一個模式

    D. 學生能理解語意記憶的重要性

3. 下列何者是意義群（chunking）的例子？

    A. 閱讀課本第 17 到 22 頁

    B. 回答作業簿中第 4 到 20 題

    C. 請提出你對於我們為何要在範疇內規定對飢荒的看法

    D. 選出幾個主題作為你的計畫內容

4. 關於語意記憶的說明下列何者為真？

    A. 語意記憶是與大腦相容的

    B. 語意記憶需要極大的內在動機

    C. 語意記憶的容量是無限制的

    D. 語意記憶是在情境脈絡中的

5. 下列何者是程序性記憶（procedural memory）的例子？

A. 背單字

B. 聽演講

C. 看電視

D. 開車

6. 下列何者為情節記憶（episodic memory）的例子？

A. 聽演講

B. 去戶外旅遊

C. 開車

D. 背單字

7. 下列何者是非直接教學的例子？

A. 老師帶學生去圖書館，他們研究老師所出的題目內容

B. 老師介紹並且解釋新的單字

C. 老師說故事給孩子聽時，停下來發問

D. 老師在黑板上畫一個身體骨架的輪廓

8. 教師通常應用鷹架學習於……

A. 單元活動總結時

B. 使用於學習過程的起始點

C. 用於資賦優異的學生身上

D. 用於視覺型學習的學生身上

9. 下列何者是鷹架學習的例子？

A. 學生查詢生字的解釋

B. 學生利用小組討論找出生字的解釋

C. 教師帶領學生討論生字，然後詢問學生們對這些字的解釋

D. 教師安排學生組成小組，並要求學生用已知的詞彙腦力激盪

10. 什麼時候老師不太會使用教練式的教學？

   A. 當學生進行合作學習時

   B. 當學生寫課堂作業時

   C. 當老師在講課時

   D. 當教師使用提問技巧時

11. 下列何者是陳述性目標的實例？

   A. 學生會使用非語言的組織圖

   B. 學生會使用老師指定的字彙來造句

   C. 學生會分辨比較演講中對比的部分

   D. 學生知道撰寫報告的步驟

12. 關於後設認知下列何者不是正確的？

   A. 幫助大腦記住所學的一切

   B. 應該是每一堂課的一部分

   C. 能夠經由一個 PMI 來處理的

   D. 是精熟學習的步驟

13. 關於「陳述性目標」……

   A. 需要發展出一個模式

   B. 需要知識和理解

   C. 需要動作

   D. 需要意義群

14. 關於真實性學習……

   A. 需要死背

   B. 需要外在酬賞

   C. 需要記憶背誦

   D. 需要活化腦部處理

15.下列何者不是外顯式教學的例子？

　A. 合作學習

　B. 發問技巧

　C. 講述教學

　D. 演示

16.關於「程序性目標」……

　A. 告訴學生學習的內容（說明什麼是什麼）

　B. 主要使用語意記憶系統

　C. 意指著去記憶事實和一些單字詞彙

　D. 意指著學習者身上的一連串動作

17.關於「理解式教學法」……

　A. 通常是指簡單的回想

　B. 通常是指高層次的思考

　C. 一般僅指陳述性的目標

　D. 一般主要是指高風險的學生（at-risk students）

18.關於組織圖是指……

　A. 全是非語言性的工具

　B. 是聽覺型學習者的工具

　C. 是意義建構的一部分

　D. 是連續性的

19.下列何者不是教學法的例子？

　A. 課程的教學

　B. 課程的規劃

　C. 應用在教學工作上

　D. 學生的評量

20.關於後設認知的描述，下列何者不是正確的？

A. 後設認知是一種為了上課而設計的活動

B. 後設認知是以教師指導為主的活動

C. 後設認知應該是課堂中的一部分

D. 後設認知對學生的成功學習沒有多大的衝擊

1

全腦、全心與全身的學習

傳統的學習方法主要著重在智力的學習，然而目前主要的學習觀點，建議我們用心、用腦且身體力行的學習。以更整合的觀點強調全方位學習的重要性。

——Eric Jensen, *Completing the Puzzle*

我們說有些人很聰明，原因是他們可以很快速的從大腦提取訊息回應問題，又能很快記憶儲存外來的資訊（Sprenger, 2002），速度的快慢成為判斷一個人聰不聰明的因素。從資訊處理的歷程觀點來分析，學習低成就的學生也可以很快地處理外來的資訊，問題在他們提取大腦內的訊息時，速度變得比較慢；而高成就的學習者剛好是相反，他們在處理資訊時的速度比較慢，而在回應外在資訊的時候卻很快，亦即聰明的人可以快速地提取資訊。在初步了解學習成就不同的學生資訊處理速度上的差異後，我們該如何幫助學生快速、有效率地處理外來的訊息呢？本章節我們從資訊儲存與提取的觀點，探討有效協助學生成功學習的方法。

訊息的接收

雖然本書大部分會談到於大腦的認知系統，但是學習卻不是從那裡開始的。所有的學習似乎都來自於腦部的自我處理系統。該自我處理系統會決定是否要花時間投入於學習活動。「如果系統判定學習的內容是重要的，又覺得這份學習內容是可以學得來的，學習成功機率較高，而且學了這份作業後會產生正向的影響，那麼學生就會驅使自己積極的投入這項新的學習活動」（Marzano, Pickering, & Pollock, 2001）。大腦對於到底要不要投入這項學習活動必須要有所抉擇，於是大腦會對外來的訊息，進行一些檢測：

面對的訊息是否重要？有關訊息重要性的判斷，對老師和學生而言都是重要的，但是我們必須要注意的是，訊息的重要性與否決定在於學生。學習本身的意義，除非學生覺得是重要的，否則腦部的自我管理系統是不會覺得那是重要的一項學習活動。身為老師，我們不只必須讓我們的學生知道學習的重要性，而且教師還需要進一步理解學生是如何去認定這項學習活動的重要性。Marzano 等人（2001）是這樣解釋的：

> 個人判斷訊息是否重要，這件事一般有兩種不同的狀況：一種是學習者注意到此項訊息對於滿足其基本需求是有幫助的，另一種狀況是說學習者注意到這項訊息有利於對達成個人的目標的。訊息本身若具有前述兩種意義，結果是將會大幅提升此訊息的重要程度。

我們發現城鄉差異也會影響學生學習重要性的判斷，例如：生活在都市的學生知道學習是重要的，因為他們知道他們要上大學，因此

老師就不需要再特別額外提供刺激其升學的學習動機;反觀來自鄉下或經濟弱勢的學生,他們只希望有學校讀就可以了,當然其學習動機,是當下需要立即性的解決問題。學習到的資訊可以如何幫助他們持續生存下去,避免受騙或者是在他們的朋友前擁有較高的社會地位。公共電視網有一個節目叫「早安托利佛小姐」(*Good Morning Miss Toliver*),節目中非常強調自我處理的概念。影片中這位在市中心學校教書的老師就是 Kay Toliver 小姐,她應用披薩切片的方法教數學的分數概念並判斷哪一塊披薩是最大、最物超所值。讓學生知道分數知識的重要性。

　　過去我有成功學習的經驗過嗎?自我處理系統裡很重要的一個概念是自我效能。所謂自我效能是指一種信念,個人基於過去成功的經驗,相信自己能夠完成某件事。對自己的信心所產生的自我效能是不同於自尊(self-esteem),自我效能的產生是源於過去具體的結果,但是並非只有「我想我會成功」,或是「我感覺我會成功」如此而已。因此,我們老師需要努力的設想,如何在課程的學習活動上,提供讓學生去體驗到成功滋味的機會,甚至擁有多次成功的經驗。誠如古諺所說:「成功為成功之母」,Marzano (2001) 進一步延伸自我效能的內涵,他認為自我效能不僅包含學習者的能力表現,還需要給學生擁有可以成功學習的必要資源。這些必要的資源是指幫助學生建立自我效能前,就要有充分的事先準備,獲得成功學習的必要技巧和資源,例如:基礎運算能力或詞彙的理解能力等。不要只是給學生一個考試,然後給個分數後,卻沒有事後的回饋與指導。如何建立學生良好的自我效能呢?相關的指導策略建議如下:

- 用一個具體的雙向細目表格、指標或是其他文書形式,明確的告訴學生要如何身體力行才能成功。執行這些步驟的態度不是

只有「我懂了」就可以含糊帶過。在學習的過程中,學生不需要費心去猜測老師的期待或標準,指導學習的重點是要協助學生相信自己會成功。我認為每位老師都必須了解學生的能力,在我的書裡《所有教師都應該知道的事——學生評量》,已具體說明如何建立分析表格以及陳述目標。表格 1.1 所提供的案例是一份數學作業的表格。表格左側包含工作種類;而右邊是確認的欄位,目的是在確定學生學習的成果品質。

表 1.1　家庭作業的表格

作業內容	關鍵價值	品質的規格
問題解決		☐ 問題描述的正確性 ☐ 呈現所有的作業 ☐ 作業內容是整齊清楚的
回答問題		☐ 修正過的答案 ☐ 有錯誤更正
整體的工作品質		☐ 準時繳交作業 ☐ 流暢的文字表達 ☐ 有具體的證據說明自己的想法

- 要有足夠的時間加以練習。Jensen（1997）說:學習的時候,有一件很重要的事是要讓大腦知道你在學習。藉由各種管道（例如:聽覺、視覺或是動覺）提供大腦有關學習的訊息,當然訊息的提供需要多次的練習,也就是要有充分的時間提供學

習者練習新的知識或事物。

- 明確、清楚的回饋。所謂清楚的回饋，不是只有指出學生的優點，更重要的是要讓學生知道自己的缺點。明確的回饋會提醒學生要注意的學習目標，以及全班的整體學習目標。當學生遇到困難時，老師明確的回饋是指引學生解決問題的途徑。老師要切記給評語時，別只是說一些無關痛癢的評語，類似「做的很好」、「很棒」這類的話，這些話對學生的學習進步是沒有實質幫助的。

- 我對學習的感覺是如何呢（透過教室、老師、其他學生還是學科）？在教學經驗的過程中，你曾感受過全班學生聚精會神、戰戰兢兢地聽課，此認真的學習氣氛透露著學生正在學習重要的概念，也通知大腦的訊息處理系統對訊息要做優先順序的選擇。如果我們生理或情緒等處於緊張威脅的情況下，大腦會先注意到的是整體的威脅。就像 Jensen（1997）所說的：

　　腦幹屬於大腦的一部分，腦幹會下意識的指引我們產生一些動作，也會對不同的威脅做出回應。當大腦知覺到有威脅感時，身體即會自動地釋放出大量的可體松，促使人要進行高層次的思考來應付外在的刺激與挑戰，這種身體的自主反應是我們人類綿延生存之道。

　　Jensen（1997）將此威脅感放進大腦處理班級經營的資料類別裡。如此我們在探討班級的學習氣氛時，我們會對威脅加以理解，並幫助我們了解威脅對班級的影響（大腦喜歡將外來的、不同的訊息刺激加以歸類，儲存至不同的資料類別）。Jensen同時分析了不同的威脅種類對教室裡學習氣氛的影響，結果如下說明。

來自潛在的生理傷害。我們無法充分掌握學生在校外或在教室外可能會遭受到哪些身體的傷害或威脅，但是很明確地我們可以清楚地掌握學生在教室裡七至八個小時的行為。我們經常藉由班級常規或自治會議訂定班規來約束學生的行為，包括尊重他人，與他人合作等的內容。在討論班規時，老師需要堅持地要求學生們尊重他人，並不容許有談論有種族歧視、性別或令他人不快的內容出現。

來自智力上的威脅。在上課時發生所謂智力上的威脅，通常是發生在學生提出的想法被同學取笑、羞辱或擱置未採納，或者是發生在老師指名學生回答時，學生不知道問題的答案，或者是說錯答案時，學生會產生學習智力上的威脅。學生說錯答案是在教學活動中無可避免的，此時你可以營造學習過程中，我們可以不知道如何解答問題的班風，但是必須要解除學生的威脅感，此威脅感來自於因不知道答案而產生。還有我們要注意的是在拋出問題後，記得要預留等待的時間，而且這等候學生回應的時間長短要有一致性。舉例來說，指名學生回答問題，而我們通常又會不自覺地忽略學生需要思考的時間，不自覺地縮短等候學生回答的時間，也就是會縮短對不是主動自願回答問題學生的思考時間，卻又不知不覺地增長對已經知道答案學生的等待時間。老師其實並非刻意的，為了公平對待每一位學生，我們可以在提問後，不論是指名學生回答或其他狀況時，可以試著在內心裡數數，等待學生的回應，記得每一次都要數相同數目。另外我們要能夠接受學生部分正確的答案，並且給予鼓勵。

來自情緒上的威脅。青春期的學生最怕在同儕面前丟臉。老師經常以行為學派的獎賞處罰方式來控制學生的行為。但是對於青春期的學生而言，我們都知道這招是不管用。一旦你激怒了青春期的孩子，結果是讓自己在班級團體裡樹敵。

來自文化─社會的威脅。老師要特別注意，在班級裡是不允許學生對某位學生或某個團體組織有輕蔑的舉動。例如：孤立學生或因種族特性進行分組等方式。其實老師常會不自覺地憑藉著外在的資訊，在學生的性別或族群的差異進行不同的差別處遇。例如：擔任工作時男生經常擔任需要力氣的搬運工作，有色人種則經常擔任警衛或清潔的工作等。

來自學習資源的限制。這種威脅通常是發生在學生寫作業時，我們沒有提供適當的工具、時間或資源。國家或州政府的測驗引導教師的教學與教材內容，在考試領導一切的情形下，老師很容易忽略學生是否理解了學習內容，而流於記憶背誦的層次。

當我們想要設計一些具有挑戰性的課程活動時，其背後的目的是希望學生體驗來自於作業或功課的壓力，我們真的不希望他們受到負面或超時的壓力。Gazzaniga（1992）認為那種負面或超時的壓力不是壓力，而是種不好的感覺，無法控制的壓力，其實對學生的學習效果是不好的。

 ## 訊息的處理

大腦一旦注意到外來的資訊時，後設認知系統就會自動啟動一連串與學習有關的心智活動。例如，開始設定學習目標，並且主動監控自己的學習進度。後設認知系統的重要性，發生在學生要達成任務或者是要花一段時間投入於學習活動的條件下。當學生在理解上產生困難或難以達成學習的目標時，此系統會產生一些反應，是要繼續努力解決問題呢？還是僅做默許的動作。身為老師，我們可以藉由以下的方法來協助大腦進行後設認知系統：

• 設定學習目標（根據州立或國家的目標），同時提供這些目標

的標準，讓學生清楚知道外在環境對他們學習的目標與期望。
我喜歡將學習目標張貼在教室中，達到耳提面命的效果。如同
大學生修習每一學科的第一堂課，會拿到授課老師的教學大
綱，述明學習目標。面對年紀較輕的學生，我建議他們將這份
教學大綱影印以寫信的方式寄回家給父母。很重要的是藉由這
樣的方式，隨時提醒學生他們正朝著目標邁進。

- 設定個人的目標。記住，學習需要對學習者個人產生意義，才
  能自然產生其個人的學習目標。老師可以常常提醒學生回顧自
  己的學習目標來提醒學生自我控制學習的進度。我們可以鼓勵
  學生在筆記本上寫下自己的目標，或者可以參考表 1.2 所列的
  參考表格。

- 提供學生具體的建議，以及與學習目標一致的回饋，幫助學生
  知道自己目前的學習狀況，距離完成目標還有多遠，明白自己
  還要多少的努力才能達到目標。

- 直接教導學生如何解決問題，以便學生面臨自己無法達成預定
  的學習目標時，可以改變努力的方向或具體的調整目標等事
  項。Payne（2001）建議老師要改善學生學習狀況最有效率的
  方式是，要求學生寫下所做所為，包括做錯了什麼事、下次同
  樣的情形時他們會有什麼不同的作為等。對於問題行為的處置
  方法，Payne 建議我們當學生的榜樣，告訴他們如何運用正向
  的自我對話，激勵自己度過難關。這項技巧可以幫助學生學習
  監控與處理自己的作業。例如一位數學老師經常會在揭示板或
  黑板上，一邊教學生如何一步步的解題，一邊指出題目的陷阱
  或關鍵點，並以自我對話（self-talking）向學生說明自己是如
  何解題。

表 1.2　設定目標的參考範例

第八單元：波士頓茶葉黨

州政府的學習目標：學生將理解事件發生的年代背景

學生從人類行為的角度連結事件發生的歷史背景

當我們閱讀此一重要歷史事件和他對美國獨立戰爭的重要性時，從單元的內容，思考什麼是你個人的學習目標？寫下你的目標，並想一下波士頓茶葉黨和美國獨立戰爭兩個歷史事件，什麼是你已經知道的？什麼是你想知道的？又什麼是你應該要知道的？

我的個人目標是：

認知系統

　　大部分我們在教室裡所進行的各項活動，都離不開腦的認知系統。根據 Marzano（1998）的分類，認知系統可分為下列四類：

1. 儲存與提取：大腦對於外在資訊的儲存與提取的程序，是指個人對曾有短暫接觸的訊息提取或儲存，以獲得知識並儲存在永久的記憶中以便於日後使用（Marzano, 1998）。

2. 訊息的處理：訊息處理的作用在於管理知識及其儲存的方式，以便日後因應特定工作的需求而使用（Marzano, 1998）。

3. 輸出／輸入：透過人體的感官，包括聽、閱讀接收外在的訊息後，將訊息輸入至大腦認知系統，再以表達或寫作的輸出方式與外在的世界聯繫。

4. 知識的使用：這部分的認知系統是使用知識去執行特定的工作或作業。程序性知識的目標是要執行認知系統的陳述性知識。

　　關於認知系統的運作將在後續章節裡詳細的說明，內容包括大腦如何取得資訊、又如何處理訊息、又如何將訊息送至長期記憶內，有需求時又如何提取出來。

2

我們如何取得資訊與處理資訊

    所謂學習效率是指依個人獲得資訊所需時間量的多寡而定。一般我們會根據學生學習速度來區分學生學習能力的高低，是屬於一般程度或者屬於學習緩慢的學生。學習緩慢的學生在對資訊的取得與處理上有困難，老師需要重複地指導和不斷地應用各種方式來增強處理和儲存新資訊的能力。本章節我們將探討如何幫助學生有效地吸收資訊，以及課堂上老師如何幫助學生判斷哪些資訊需要儲存於大腦，又哪些訊息要從大腦的處理系統中刪除。雖然大部分大腦在處理資訊時都已進入自動化的程序，但是老師可以指導學生應用一些特定的方法或策略，確保學生理解所閱讀的文章與資訊。

    人類往往透過感官知覺來獲得訊息，訊息進入視覺後被分類、儲存到大腦皮層的視覺區，聽覺輸入的訊息則被傳送到聽覺區。至於是否要執行接收的資訊、還是把接收到的資訊傳送到長期記憶區，或者直接把這些資訊刪除，這些重大的決定均在大腦皮層組織中運作。圖2.1 顯示我們如何獲得大部分的（99%）資訊，以及新資訊進入儲存程序前，大腦是如何處理訊息的流程圖。

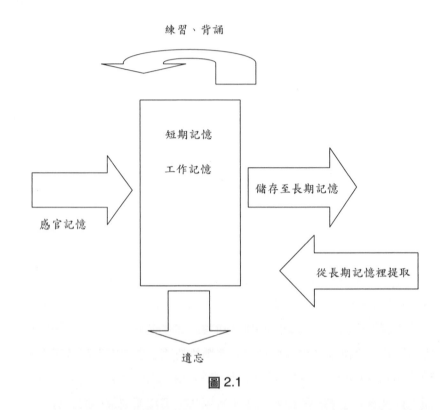

圖 2.1

　　大多數的腦神經專家指出人類有 99% 是透過感官知覺來獲得訊息，也就是說，人類透過視覺、聽覺、味覺和觸覺獲得外在的刺激與訊息。Sousa（1995）從實驗結果得知，透過感官知覺，我們的大腦每秒可接收四萬筆的新訊息。哇！也就是說學生所處的教室環境和老師的教法，對學生處理資訊變得非常重要了，因為這些環境的刺激與老師的教法，無形中都在影響學生如何獲得和使用資訊。反觀你的心智，並想像當你站在教室門邊往教室裡面看。你看到了什麼？聞到什麼？聽到什麼？通常在教室裡的學習，教師的課程規劃多偏向依賴聽覺來學習而忽略其他感官的學習功能。因此，一間具有豐富資源的教

室通常是聽覺式的學習。Jensen（1997）的研究指出在教室中，至少有 87% 的學習者是依賴聽覺學習資訊，剩下的也從視覺或從動覺中體驗到不同的學習方式。現在，我相信我們是可以提高全國學生的數學成績，只要我們找到更多好的方法，讓學生了解數學是如何在生活中被使用的。Jensen 的研究顯示有 87% 的學生學數學的方式是只背公式，對於解題是不夠的。因此，老師在課堂上的教學方法，至少要應用一種或三種以上的感官知覺：視覺、聽覺和動覺來進行教學。對於學習緩慢的學生而言，老師在選擇適當的感官知覺教學法變得非常重要。換句話說，如果你用聽覺性的教法教學生，而沒有使用視覺性或動覺性的教法，那麼在你的班上就會有一大群學生是無法了解你上課的內容，這樣一來，你就必須花更多心思設計一些教學方法來教導其他的學生。

　　Jensen 和其他學者都認為我們每一個人身上都具有前述三種感官知覺的學習形式。大部分的老師會傾向只喜歡應用其中一種或兩種教法，於是我們要思考如何透過自己喜歡的教法，指導學生可以更快、更有效的接收資訊。其實，學生在學習上有了困難，又必須接受再指導，這樣學生是不會感到有成就感的，除非他們接受的指導是他們喜歡的教法。有關三種感官知覺的學習形式說明如下。

視覺型的學習者

　　視覺型的學生在班級上是屬於最大宗的團體。所謂視覺型的學習者對於外在訊息進入意義產生前，是需要用「眼睛看的」。他們需要以圖片、圖解的組織圖呈現學習內容，或者是將資訊張貼在教室，讓他們有機會透過圖像的想像。學習與思考這樣的視覺型的訊息輸入方式，對視覺型的學習者是很重要的。我曾經有過一個很有趣的經驗，那就是一年級的學生通常都是視覺性的，但是老師在課堂上資訊呈現

的方式缺乏使用他們喜歡的指導方法。那一年我自願和另一位老師合作一個教學計畫，就是教兩個一年級的班級，一節課 45 分鐘。上課時，這兩個班級是在圖書館，我讀《*Dinorella*》這本書給他們聽。當老師帶學生進來時，有一個老師就低聲告訴我說：有一個小男生（坐在我旁邊）可能會有紀律上的問題。她解釋說那個小男孩不會乖乖只坐在那邊聽完故事，很有可能中途會跑出教室。當時，我不只唸故事而已，同時也把一些圖片放到簡報系統裡播放，這樣一來全部的小朋友就能看到故事裡的圖片了。那個小男孩曾考慮是否要待到整個故事結束，可是當我唸完故事後，他卻拍打他的膝蓋說：「再看一次。」這是一個視覺型學習者的例子，如果他無法看到學習的內容，他就會產生紀律的問題。在一般程度的學生中，當他們不能使用最合適於他們的學習途徑時，在課堂上有多少人的心思會飄離腦袋，與心靈脫節的呢？當學生缺少能力去控制自己的行為時，就會有越多行為上的問題發生。

　　Tileston（2000）根據其觀察與研究歸納出，指出視覺型學習者有下列特徵：

- 很難記住人的名字，但卻可以記住人的特徵。
- 當有視覺性的工具幫助他們理解時，會有較佳的學習效果。
- 喜歡自己讀故事而不是藉由其他人唸給他們聽。
- 把組織過的想法寫下來。
- 很難記住別人跟他們說的方向。
- 常將喜怒哀樂現形於色。
- 喜歡猜迷遊戲和其他視覺性的工具。

　　增加視覺性的刺激，會增加視覺性學習者的成就感。對視覺型的學習者來說，對於要學習的內容是需要依賴眼睛的視覺。在教學時，有一個想法值得我們思考，那就是指導學生使用非語言性質的組織工

具。非語言性質的組織工具猶如看得見的地圖般，雖然說應用地圖方式表達，在文字使用量較少，但是地圖上的地標、顏色和圖示可以幫助學生組織資訊。圖 2.2 就是一個視覺性組織圖的例子。這種在腦中形成的記憶地圖是屬於視覺型工具，可以幫助學生不只是看要學的內容，而且還需要在腦裡形成此記憶地圖的圖像。圖 2.2 為前面討論過的三種學習方法的記憶地圖。看看這種視覺型的工具是否幫助你更加了解這三種學習方法。如果是的話，你可能就是視覺型的學習者。

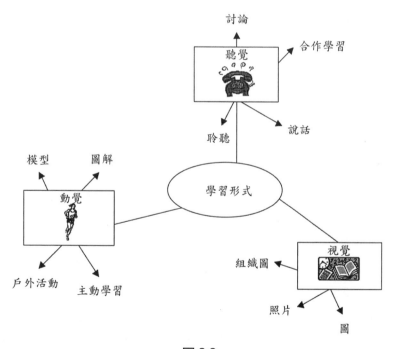

圖 2.2

聽覺型的學習者

在班級裡，很少學生是真正屬於聽覺型的學習者。或許是我們處在多媒體的世界，所以很多學生喜歡坐著聽老師上課。這些學生聽來的資訊，不是從老師上課所講的內容或者是課堂的討論，要不就是媒體。學生除了聽之外，還需要製造機會讓有說的機會來表達所聽到的訊息。Sprenger（2002）指出：「有時候你會觀察到這些聽覺型的學生會讀書，有時候不會，不過你常常會看到他們啟動雙唇上上下下地喃喃自語。事實上，這些學生天生傾向跟自己講話。」她繼續解釋說：「這些聽覺性的學生會有順序的儲存和提取資訊。」Sprenger 以字母歌曲的唱誦來學習字母。的確，我們都知道 26 個英文字母，但是如果有人請你快速地回答他英文字母 h 後面的字母是什麼，你會需要重新唱一遍字母歌曲來回答答案嗎？Sprenger 說：「聽覺的學習者就會遇到這種問題，尤其是當他們在做一些跟他們記憶中字母不同排列的測驗時。」雖然，人類一開始產生學習的方式都是以聽覺為主要的學習方法，但是只依賴聽覺型的指導方式來教書是不足的，老師需要使用其他學習方法（感覺）來指導學生，尤其是面對動覺型的學生。

有關聽覺學習者的學習特徵，Tileston（2000）的說明如下：

- 記憶人名的能力優於記憶臉形的能力。
- 在教室裡，如果要求聽覺型的學生長時間坐著會顯得坐立不安。
- 學習內容除非有討論過，否則很容易忘記。
- 對於老師在肢體上的鼓勵會有反應，例如：輕拍背部。
- 學生在進行一個主題的探討時，他會傾向選擇與同儕透過口語討論，也不要一個人閱讀資料。
- 學生容易受到房間的溫度及舒適度等物理特性所影響。

- 學生容易因為外在聲響而分散注意力。
- 學生會是一位為優秀的說故事者。
- 寧願進行口頭報告，對於書面的式作業感到棘手。

動覺型的學習者

Sprenger（2002）建議：「我們老師上課時，每一節課都能將動覺型的學習者需求納入考量，將學習內容動作化或活動化，經常地重複這些動作，當這些動作的次數達到某一個足夠的量時，學習內容將成為永久性記憶。當動作跟學習結合在一起時，學習與動作的連結也將成為大腦裡永久性記憶。」事實上，對於教學方法僅依賴「授課」、「演講」的老師，在面對動覺型的學生是很苦惱的。因為動覺型的學習者在學習過程中，需要老師啟動其四肢與感官的功能，而且需要老師以示範的方式進行教學，一個讓他們可以觸摸得到、感覺到的示範教學。根據Jensen（1997）的研究指出，長時間久坐在教室，一個建築物裡的環境中，這樣的學習方式對我們的大腦其實是很不友善的。我們的大腦似乎天生就被設計成只能在短時間內專心，是無法進行長時間不停地專注於某件事情上。在我們腦中的邊緣系統，腦幹上方的網狀組織是我們大腦合併統整進入資訊的區域。使用胜肽受體管理了我們對一般事物的專注力。這是一件好事，因為如果我們專注於身邊所有刺激，我們的大腦將會超過負荷。Jensen繼續解釋說：

> 雖然我們的大腦擅於隨機應變，會立即與外界的訊息進行比對，但是卻對緩慢的變化無所知覺。看來，我們的大腦似乎是為了短期記憶而設計的。這種生物學上的現象說明了：要求學生長時間專注於冗長的課程是有待商榷的。

　　動覺型的學生他們可能會說:「不要給我一大堆的口頭說明或指示,只要給我工作就好了。」需要的是可以讓他們動手做的活動,而且要有機會重複的練習,藉由練習將這些學習活動的內容跟他們產生互動與意義。

　　有時候我會自願到其他不同的班級上課。有一天,我安排到一所中學去上「腦和感覺」這門課。到了那所學校,有位老師要求我讓他的學生也一起來上課。我們在一間大教室裡,圍成一個又一個圓圈,學生人數大約 75 人左右,有些學生甚至坐到我的腳邊來。課程結束,當我在做結語時,有一位學生走向我,並問我知不知道他是誰?我說:「我知道啊!」他是曾經出現在廣告或雜誌封面的人物。當天他告訴我一件我從未料到的事,那就是他被診斷出是患有注意力不足過動症(ADHD)的孩子。他接著說,他為了要能夠安靜的坐下來抄寫筆記,必須持續的服藥。他建議老師上課時,如果能運用各種不同感覺形式的教法來教學的話,包括動覺式的教學法,也許他可以少吃一些藥。當然我相信 ADHD 的學生有這樣真實的需求;同時我也強烈的贊成他的看法,如果我們(老師)能在課堂上多添加一些活動,也許不會有那麼多學生像他一樣,要與病魔如此的奮鬥與掙扎。

　　有關聽覺學習者的學習特徵,Tileston(2000)整理如下:

- 對於自己曾做過的事會比曾聽過的事或曾經看過的事,在腦海裡留下的印象較深刻。
- 遇到問題時,會傾向選擇可以使用肢體動作的解決方法。
- 選擇學習活動時,與視聽型的活動比較之下,比較喜歡有參與性質的活動。
- 喜歡模仿、戲劇、還有戶外活動。
- 喜歡示範或範例(models),也常常對個別事件塑造範例。

• 常常透過肢體語言來表達他們的情緒。

教學的關鍵在於老師是否提供各種不同的方法，兼顧學生在聽覺、視覺、肢體動覺上的需求。在課程設計時，老師可以規劃有利於多種知覺形式的活動，提供學生擁有數種知覺形式的學習法，如此，幫助他們了解自己的知覺感知，在學習上的優弱勢。當老師判斷某些學生不適合某種學習法時，老師要趕緊想辦法提供具有其他有利於學生知覺學習的形式，幫助他們控制自己的衝動，了解為何學習缺少動機的原因。老師在課堂上提供多種知覺學習形式的主要目的，在於幫助學生讓學習變得更有意義。舉例來說，教導學生運用非語言學和語言學的組織圖（organizers）整合學習的內容。

 ## 知覺登錄

當外在的資訊或刺激進入我們的感官時，知覺登錄或是網狀活化系統（reticular activation system, RAS）會幫助大腦來處理外來的資訊。網狀活化系統會發揮其強大的監控機制。該系統會監視著所有進入大腦的資訊，快速地辨識，並決定此訊息是否值得我們花心思去多加注意。人類如果少了大腦的過濾功能，外來大大小小的訊息會不斷地擾亂著你，干擾著你無法坐在外面唸書，因為你的大腦可能會不斷的接收外在環境而不斷地發出訊號，像是鳥的叫聲、蜜蜂飛過時的嗡嗡聲、還有各種動物所發出的噪音，風吹過的聲音，或者更多聲音，紛擾著使你無法專心閱讀。為什麼會這樣呢？因為感官知覺的接收系統必須對外來的刺激要有所回應啊！還好這些感覺刺激在一般時候是被封鎖的，所以你可以專注於你認為重要的事。根據 Anderson（1995）的說明：

如果我們的知覺中樞無法在短時間內或在衰退之前，將所感受到的資料編碼，則這些資料就會如斑駁牆面上的粉漆一片片地掉落。至於什麼樣的外來訊息或刺激會被編碼進入我們的記憶系統呢？那取決於我們對訊息的注意。在我們生活的環境裡，外在環境經常在同一時間內，提供很多的訊息給我們的感官知覺，甚至超越了注意力的範圍，或可以譯成有意義代碼的資訊。在此接收或注意外來訊息的階段我們並沒有產生永久性的記憶。

一般，聰明的大腦會自動的刪除約 98% 外在訊息進入處理系統內。這項刪除功能的好處是幫助我們的大腦減重，因為如果我們對周遭所提供的訊息都要記住的話，那就會讓我們的知覺產生「超載」的現象，意即「感官過度刺激」，導致精神無法集中處理外來的訊息。有時候大腦會刪除一些我們需要記憶的資訊。以上的說明，在某種程度來說，解釋了為什麼學生不能記住我們（老師）傳送的所有資訊，另一方面也是因為人類的大腦無法立即將所接收到的訊息儲存在長期記憶中。

短期記憶

考試的時候，我們可以發現有學生經常進入教室坐定位子後，便催促著老師說：「老師快點！趁我把還沒忘記前，趕快發下考卷！」面對這些學生，老師很清楚這些學生，並未多下功夫在理解考試的內容，只是用重複背誦的方法，在短時間內不停的強記背誦考試內容，把他們存到短期記憶中，等到考試的時候，再一股勁兒倒出來寫在考卷上。老師如果在考試後一周，再問他們相同的問題，相信他們都不會記得問題的答案。這種情形有點像是翻電話簿尋找電話號碼，一旦

打完電話，我們的短期記憶會自動地把剛剛打的電話號碼刪除，因為我們知道這並不重要。短期記憶是另一種濾過器，所有要通往長期記憶的資訊都必須先通過它這一關。重點是，我們並不會意識到大腦正在處理或過濾我們所看的或所聽到的資料。一旦資料進入工作記憶時，我們就會察覺到資料處理的過程。

 ## 工作記憶

　　當資訊進入工作記憶時，我們大約有 15 秒的時間，讓大腦決定是否要處理這些資訊，或者是刪除丟棄它。一般而言大約有 98% 的資訊在這個時候被刪除或遺失。如果是這樣，我們有可能把資料儲存進入長期記憶裡嗎？可以的，透過「背誦」，可以把接收到的資料存進長期記憶。只要把工作記憶的內容與學習有關的操作事件連結在一起，那所學到的東西就會保留下來。所謂背誦，是指我們對工作記憶中的資訊加工，使得其可從長期記憶裡感知與搜尋出資訊。背誦有兩種功能，一個是可將資訊維持在工作記憶中；另一個是它具有將工作記憶的資訊轉換成長期記憶的機制。對於背誦所花的時間或者背誦的方法兩者對於資訊轉換都很重要。背誦有死記硬背或精緻化兩種類型。

1. 所謂死記硬背指的是在訊息進入短期記憶時，學習者花費心力的，不斷地重複相同的方法與相同的資料。當學習者需要準確記憶或儲存資料，進入工作記憶的時候，就會使出死記硬背的絕活來因應外在的需求。舉例來說，像是記憶數學公式、拼字或是暗記各地的地方首都名稱等。

2. 精緻化的背誦是指對資料給予精緻闡述或統整，並賦予這些資料某種意義或感覺。在精緻化的過程中，學習者需要動手「做」某些事情來內化訊息。精緻化的背誦通常應用於不需

要對資料做精確的記憶；而是需要將新的資訊去連接先前的學習內容，並找出它們的關係。精緻化的背誦法可應用於解決問題、應用前後文的脈絡學習單字，以及閱讀理解等等。

資訊處理

大腦面對的訊息有來自於外在環境的刺激，或者是提取自長期記憶的訊息。Marzano（1998）根據他的研究報告指出大腦有六種心智運作模式，處理工作記憶中的資料。此六種基本資訊處理的方式有比對、概念表徵、資訊篩選、資訊的一般化、規格化與觀念的產生等，有關其詳細情形說明如後。

比對。大腦會主動分辨外來的訊息與儲存在大腦裡長期記憶的資訊，分辨兩者間相似點與相異處。簡單來說，大腦遇到外來新的資訊即會啟動其辨識的功能，可能會問：「在我的長期記憶裡，我已經知道什麼？或是過去的經驗，是否有幫助我理解新的資訊？」根據McREL和Marzano（1998）在教學實務的後設分析研究，發現老師在介紹新知時，會或不會結合學生的先備知識或經歷過的事件，對學生的學習成果造成很大的差異。因此，在教學活動中，老師可以要求學生對兩項學習內容找出兩個或多個相似及相異處。比對活動將使得學生在這個學習項目的理解力，提升到近 40 個百分點。換句話說，一個達到 50 個百分位的學生，經過「比對」的心智活動，可以進步到90 個百分位。學生的成績達到 90 個百分位表示這位學生能夠有效地辨別相似及相異處。舉例來說，一個有關爬蟲動物及兩棲類動物的單元，我們可以運用表 2.1 幫助學生辨別這兩項有何相似與相異處（以屬性的觀點來看）。根據研究結果指出，具有比較辨識功能的學習工具可以提升學生的理解力差不多 40 個百分點（Marzano, 1998）。

表 2.1　相似／相異

說明：關於表 2.1 的範例，請學生寫出爬蟲動物和兩棲類動物相似的特性。在左手邊，寫上兩棲類動物不同於爬蟲動物的特性。在右手邊，寫上爬蟲動物不同於兩棲類動物的特性。舉例來說，兩棲類動物和爬蟲動物都是卵生，但是兩棲類動物在成熟時會改變。爬蟲動物在成熟時則是保持原狀。

兩棲動物	共同的特徵	爬蟲類
體型隨著發展成熟度而改變		體型並未隨著發展成熟度而有所改變
	卵生繁殖	
	冷血動物	

　　概念表徵。根據Marzano所言：「概念表徵是指對在工作記憶中的資料，經過轉譯處理後，產生適合儲存在永久記憶裡的形式。」當資料進入記憶系統時，我們有時未必完全以同樣的方法儲存資訊，以致在大腦裡儲存的資料有了不同的意義。因此也說明了為何有部分學生可能儲存到不正確的資訊。外來的資料透過感覺器官接收資訊（通常是透過視覺與聽覺），並根據學習者對訊息的詮釋，在工作記憶上處理訊息。此時，學習者對資料的呈現可以是語言、非語言或在情感區位裡呈現。不同的學習者對資料的詮釋有不同的表徵方式。我們可以在教學活動的過程中，指導學生使用語言及非語言的組織正確地處理資訊。所謂語言的組織圖，其使用的工具有紀錄時間表、圖表、學習的範本，或任何可以幫助學生運用文字將資訊系統化的方式。非語言的組織圖是指以少量的文字，運用符號、顏色，或者是心智圖等，強調視覺功能的方式。McREL（參見 Marzano, 1998）同樣的也在有效教學研究的後設分析裡，發現老師使用圖表表徵知識或文本內容教

學時（例如心智圖，有學生的學習成果可從第 50 個百分位進步到第 89 個百分位。一般我們對位於 50 個百分位的學習成果，認為不能算是資優的程度，但是對於 89 個百分位的學習成就則是進步到資優的程度，可見學習策略對學生的學習是具有不同的意義。

資訊的篩選。大腦工作記憶的功能在於查看外來的資訊是否合理。如果被視為合理的資訊，那麼大腦就會接收這個資訊。所謂資料必須有意義，是指外來的資訊與學習者已經知道或者曾經歷過的經驗產生連結。如果是不合理的資訊，就很有可能被刪除掉。老師在教學時要幫助學生查看所學習的內容與先前知識與經驗之間的連結關係，以免被排除在工作記憶之外而遺忘或流失。

資訊歸納化。這項功能是在尋找可以運用在整合資訊的規則，如同已經儲存在長期記憶的一般規則。舉例來說，當學生計算一題新的數學問題時，他會尋找可以運用在計算數學問題的一般規則，也就是在過去曾經被使用過的一般規則。如果規則是新的或是這個規則被另一個在長期記憶中的規則給否定了，那麼大腦的這項功能會針對此規則加以探討並且改變儲存在長期記憶裡的規則。

資訊的規格化。過程中，學習者根據新知識和過去的經驗或學習形成推論。舉例來說，如果描述的對象是一隻又大又瘦長的狗，且有著白色和金色的長毛，我們可以推論所指的是指一隻牧羊犬（Marzano, 1998）。有時學生學習成效不彰是受到資訊的歸納和資訊一般化的影響。此時老師需要花更多的時間去描述教學的目標，此時要求學生從特定的觀察，或從片段的訊息進行化約式的推論，或者是根據已知的訊息進行預測，如同訊息規格化的歷程。相信如此老師可以較得心應手，成為一位聰明的工作者，而非一位苦勞者。

觀念的產生。這個功能主要是指應用長期記憶的資訊，產出新的

觀念。舉例來說，當學生坐在走廊閱讀書籍時，他可能從閱讀或長期記憶裡產生一些新的想法。這些想法可能在與他人溝通時，才有機會表達出來，要不就是自己保留在內心裡。在寫作過程中，學生開始活化自己過去累積的觀念或想法，把前面的想法以書面文字的方式表達出來。

總結：每個人的大腦都是獨一無二的，卻在我們每一個人身上進行著相同的工作。我們透過感官接收 99% 的資訊。我們的大腦不論在決定這個資訊是否值得背誦、儲存於長期記憶，或者是決定要刪除這個資訊時，都是在非常短的時間，迅速的作決定。大部分透過感官接收的資訊會被拋棄。畢竟我們每天面對成千成萬的訊息，而大腦都要儲存每一項新的資訊，那麼我們的大腦將無法負荷，資訊會超載的。學生若未對外在龐大的資訊加以處理的話，他們經常主動刪除某些老師希望學生要記住的重要資訊。

接收資訊主要有三個管道與方法（視覺、聽覺、動覺），學生的學習方法與我們人類如何接收新知識是有關的。對於學習緩慢的學生要選擇適合他們學習的方式，並反覆的指導，直到學生對所學習的資訊有所感知為止。

我們使用背誦的方法，把資訊儲存在長期記憶裡。背誦有兩種方式：

1. 機械式的背誦對於心理動能／程序途徑，並非語意途徑和陳述性知識。
2. 精緻化的背誦是指對背誦的內容給予一些意義，對於背誦陳述性知識來說比較有效。大腦透過相關性、喜好、型態及連結的運用建構意義。

　　讀完這一章，回想一下在教學時，你運用了什麼教學活動讓學生運用新知識呢？

3

工作記憶

在第一、二章我們探討大腦如何接收訊息，以及大腦如何處理資訊進入長期記憶的過程。本章我們將探討資訊在工作記憶裡發生了什麼事情，以及有哪些因素促成大腦決定將資訊納入長期記憶裡。

誠如在第一章裡所說明的，大部分的學習是透過感官進入大腦。在處理過程中，主要有三種方式：聽覺，一開始經由位於耳朵太陽穴旁腦顳葉（temporal lobes）的位置短暫儲存處理；視覺，位於大腦後方的枕葉（occipital lobe）；接著是動覺，位於腦的最上方的運動皮質（motor cortex）及小腦。一旦資訊經由各種途徑進入腦中，會先在相關的皮質區保存直到其被遺忘或轉至工作記憶，或送到長期記憶（Sprenger, 1999）。一旦新的知識經由感官被記錄到腦幹中，其將會被移到暫時記憶（感官記憶的延伸）和工作記憶，且在腦幹進行處理（Sousa, 2001）。當工作記憶保存資訊的 15 秒間，大腦便決定是否要刪除丟棄或保留。資訊處理過程如圖 3.1 之說明。

在這個階段，大腦正在進行一項重要的抉擇——是要將資訊納入長期記憶中，或者是判斷為不重要訊息而丟棄。對老師而言，我們會

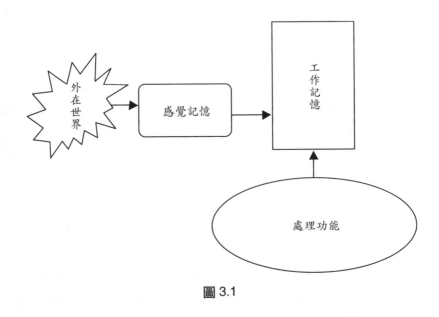

圖 3.1

希望學生將資訊送入長期記憶,因為我們知道沒有儲存的資訊是無法在事後被找出來應用的。就在抉擇的當下,大腦會發出疑問的訊號,問說:「這些資訊合理嗎?」或「它們對我重要嗎?」讓我們來看看這兩個關鍵性的因素,其在課堂上老師將如何將這兩個問題給予正面的答覆。

 ## 意義性

Sousa(2001)提出第二個問題,指出:「資訊對個人是否產生意義?」這個問題是資訊是否能進入長期記憶的關鍵。Sousa 以我們平常看電視打發時間為例說明,有些電視節目的內容可能很有價值也有意義,但是它如果對於我們個人沒有太大的重要性,那麼在看完電視後,很可能我們會很快地忘記節目裡的內容與細節。如果電視所播

放的節目內容引起一些我們個人的經驗，或從中獲得一些解決問題的靈感時，那麼節目的內容極有可能被你的大腦放入長期記憶中保存起來。

我們是無法越俎代庖替學生創造意義的，這些與外來的訊息產生意義是必須由學生自己去領悟資訊的重要性。不過，一位好老師要知道如何製造出一個讓資訊對學生產生重要性的學習環境。根據Jensen（1997）等人的研究指出，大腦有三種方式可以幫助學生理解與建構資訊的重要性。

1. **找出相關性**。Jensen指出：「為了使新的資訊被學習者認為是有相關性的，新的知識必須與學習者舊有的知識產生關係，並且能激發或活化學習者現存神經系統的網絡。激發出舊有知識與新知識之間的相關性越高，重要性也就越高。」舉個例子來說，有老師在課堂上介紹了有名的繪本作家Bianchi寫的《暴風雨晚上的玻克威學校》（*Snowed In at Pokeweed Public School*），內容是有關一群孩子因為暴風雨被困在學校回不了家，老師和孩子將一場天候災難變成了他們永生難忘的回憶。老師一開始問學生：「如果你們必須要在學校住一個晚上，你們該怎麼辦？」老師給予提示，提出幾種選擇：玩遊戲、唱歌、做勞作、哭著找爸媽等。將學習內容與學生的生活相關的議題產生密切的關係，可促使學生對問題產生深層的理解力。另外，老師為了要教數學估算的單元，他帶了一罐彈珠讓學生猜裡面有幾個，猜對的同學有獎勵。一開始先問學生如何估計裡面的彈珠數量，這樣一來，如果學生們一開始就知道估計是怎麼一回事，大部分的學生會愛上遊戲，也會熱中參與學習的活動。

2. **賦予快樂的情緒**。情緒對學習擁有很強的滲透力，是最快能
  將外在訊息直接通到大腦的長期記憶中；情緒所產生的訊息
  會使我們不加思索的感受到刻骨銘心的記憶。情緒對記憶的
  特質，應用到教學時，我們藉由音樂讓學習加入情緒的幫助
  （試著在課程中加入一些音樂）、學習的喜悅與稱讚、視覺
  上的增強、模擬真實情境，以及真實世界的實作等。我的哥
  哥主修藥學，目前在藥廠工作，他與我分享一些他在二年級
  所學到的成功學習的方法。記得他二年級的老師是 Eggars 老
  師，一位善用正向情緒的教學高手。例如：其他班的同學在
  學習與認識義大利這個國家時，是在第一天帶了一些義大利
  的食物，另外一天再展示一些義大利的傳統服飾等等。但是
  他們班並非如此，哥哥的教室就是義大利，聞起來像義大利，
  嚐起來像義大利，聽起來像義大利。Eggars 老師甚至還介紹
  了義大利歌劇。根據 Jensen 的想法：「一旦學習者的情緒被
  吸引投入於學習活動時，大腦在內容編碼的過程中，會釋放
  出化學物質將所經歷內容的其中重要部分挑出來，並標示重
  要及有意義的經驗。身體及腦中很多部位會受到情緒的影響
  而強烈的活化，包括前額葉皮質（prefrontal cortices）、杏仁
  核（amygdala）、大腦中海馬迴區（hippocampus），甚至還
  有胃部。」

3. **形成圖像或連結**。大腦擅長於新舊經驗的連結；大腦遇到新
  的訊息時，會持續不斷地發出問號：「我到底已經知道了些
  什麼？目前面對的新知識可以和舊經驗進行什麼樣的連結
  呢？」因此，學習者需要重複某些內容，以連結原先學過的
  知識。大腦其實在我們丟出一個新的訊息時，會冒出前述一

連串的疑問，引起一陣混亂：「我先前的知識有哪些可以應用到這裡呢？」舉例來說，以一個明智的老師，當他要開始介紹統計學的新單元，他會先複習簡單的代數部分，企圖為學生與新的學習內容搭起友誼的連結橋樑。如果學生先前沒有任何代數的基礎知識時該怎麼辦？比方說，前面 Bianchi 所著的那本書提到滯留在玻克威的學生們，若有證據指出這些學生從未有在學校過夜的經驗，所以他們不知道在學校過夜會是怎麼一回事。老師則可藉由學生們討論在學校裡過夜可以做什麼事？這樣的抉擇問題來製造彼此的共鳴，幫助他們產生一些個人的連結。在我的《十個最佳的教學策略》書中，提到「移民」這個單元，老師並沒有假設學生已經知道，並理解為什麼人們要冒著生命危險來到這個國家，然後老師開始說：「在原本的國家發生了什麼事？迫使你必須帶走所有你可以帶走的，遠走到他鄉，一個你完全不認識任何人的國家？」當學生討論了一段時間，老師接著拋出一些問題，例如：「這個國家發生什麼情況？在宗教的方面？醫療方面？經濟會變成什麼情形？政治呢？」經由這些問題，老師是在建構一個與舊知識連結的網絡，讓學生預先學到新知識，也幫助學生從各種角度來思考問題。

製造學習的合理性

　　對於大腦來說，資訊可因其意義性和合理性而有不同的處理歷程。訊息可能有意義但並不合理；訊息也有可能合理，但是對大腦而言是沒有意義的。兩者之中，對大腦而言，我們會說資訊的意義性會比合理性來的重要。大腦也有可能會將合理但沒有個人意義的訊息送

入長期記憶，例如，瑣碎的小知識。根據 Sousa（1995）指出，某些
神經生理學者推測有將近 10% 的長期記憶屬於這一類。這解釋了為
什麼某些時候當我們在玩文字遊戲時可以拼出一些艱澀的單字。

　　在你的課堂中，有哪些事或資訊你確定是重要且合理的呢？

4

長期記憶的途徑

依照 Sousa（1995）的說法：

　　所謂長期記憶是指資訊的儲存和提取，長期儲存指的是我們把記憶保留腦袋中的某個地方。想像一下，腦中長期儲存記憶的地方就像一座圖書館，而長期記憶系統就像就像一位聰慧的圖書館館員，他能快速地將資訊提取出來，並且正確的將資訊再放回它原本儲存的地方。

　　本章的目的在於我們要來看看儲存系統本身，以及它那極有效率的提取資訊的方法。

 ### 記憶的途徑

　　許多研究者認為，我們的記憶系統有三種途徑將資訊儲存進長期記憶裡。當教室裡大部分的學習是直接針對語意性的記憶時，教學者應努力的結合這三種途徑，使學習更有力且幫助學生在資訊提取的工作上能做得更好。

語意記憶系統

　　語意記憶最常被用在教學現場中。這個記憶系統可說是一個儲存詞彙和事件的區域，而且是三種記憶系統中與腦相容性（brain-compatible）最小的（譯註：brain-compatible 符合大腦運作模式與人腦學習傾向的相容性），這就是為何我們的學生總是無法記住長篇論述的理由之一。當我們把一個事件或詞彙獨立的教給學生，而未提供學習內容的脈絡以及前後連結時，除非學生能理解、有溫習或複習，不然他們一定是會忘掉的。若這些學生一直都欠缺將學習內容意義化的技巧，那使用這個記憶系統進行英語教學那肯定是毫無成效的。對於來自貧窮的學生來說這也是同樣的事實，由於他們在學校以外的學習較早發生於進入學校後的學習，而學校內的學習才富有前後文的脈絡，且伴隨的語意記憶是一個非常受限的方法。Jensen（1997）說到：

　　　　即使了解了語意性記憶是在大腦的皮質層運作，但這個機制的確切位置我們還無法精確的指出。而大腦的設計是非常的不擅於把文字給純粹的複製或是拓印在記憶裡的。我們通常經由一種類似列表格式（list-like）的記憶策略來死記硬背，試著去學會把資訊給嵌入到有意義的內容中。語意記憶是一種列表導向（list-oriented）、有時是強記（rote）的，是需要理解的記憶；是抗拒改變、從前後文中孤立出來、有精確的界限、缺乏意義化以及連結到外在的動機。

　　換句話說，如果學生要去學一個事件或單字，那他們必須先要有個東西能將新資訊對應連結起來，要不然對大腦而言是沒有作用的，只有淪為被丟棄的命運。有些技巧能幫助學生記住事實或單字，包含

記憶術、韻文法（還記得你是如何用唱歌來學習英文字母的？）、字鉤法或是意義相似的所學（上週我們已經學過……這週我們要學這些新的東西把它加進來）。如同 Jensen 所說：「這種習於坐在座位上的學習方式是一般典型的學習例子，例如我們老師會很習慣於交代學生『請把第六章讀熟』或是說回家功課，像是『星期五要考第六章』。」

　　大腦在語意性記憶的容量是有限的，我們對於一次要處理大量的語意性事件是有困難，這也許是為什麼我們的學生會說：「我們什麼時候有要用到這個？」的原因吧！因為他們的腦袋已經超載了，假如他們不去使用這些資訊，為什麼還要把它加到已遭受挫折的情境中？有一個方法對於語意資料的處理，我建議先將訊息加以分類，就可以進入語意性的記憶，例如：前面的例子提到有關「移民」的主題，我與其告訴我的學生為什麼人們要移民的理由，倒不如給他們造成移民理由的類別範疇，例如：宗教的因素、政治因素、經濟因素、社會因素諸如此類的。經由如此的分類後，可以幫助學生把訊息轉化成對大腦較友善的記憶格式。一個成人對於新訊息平均一次可以處理七到十個的意義單位（chunk），一個三歲大的孩子，對於新訊息一次僅可處理大約一個意義單位。那是我們為什麼對小孩子一次只能給他一個指令的道理之一。如果我們說：「把你們的積木撿起來，帶回你房間，再把積木放進玩具箱裡，把玩具箱的蓋子蓋上。」第一個指示：「把積木撿起來」這可能是孩子唯一接收到的訊息指示。我們一次所能處理的意義單位數量會隨著年齡而增長（我們僅能增加放進意義單位中的量，而我們無法改變意義單位的數目）。表 4.1 係根據 Sousa、Jensen 等學者的研究而設計的。這個表顯示當我們在哪個年紀時我們所能處理的訊息，其意義群數的數目。

表 4.1　意義群和年齡

學生的年齡	意義群數的數目（最大化）
15 歲以上至成人	7～10
13	6
11	5
9	4
7	3
5	2
3	1

　　意義單位化對學習者來說這代表什麼意義呢？這表示如果我給我的高中生 20 個毫無關聯的事件要他們學起來時。他們在處理上將會遭遇困難，因為他們的腦袋一次僅能串起七到十個訊息的意義單位的訊息。我們上課時說到關於移民的單元時，我給學生們 20 個沒有關聯的理由，為什麼人們會移民，例如：宗教、經濟、社會、醫學、教育、政治及氣候等等的因素。

　　好，現在我提供的全部這 20 個原因，我只要使學習更容易經由把訊息放進意義單位集組裡來處理，就能夠被連結進一個範疇裡。我不能改變大腦一次所能處理事件的意義單位集組的數目，但是我可以改變資訊能被意義單位集組所能處理的相關事件的數量。要記住，大腦喜歡的訊息組織的形式是型態（patterns），所以只要是能為學生將訊息意義化，或把資訊轉化成型態中來幫助他們去記住語意性的訊息。另外，心智圖也是一個例子，讓我們用事半功倍的方法來幫助學生處理事件性的訊息。

從語意記憶中提取

我常常提到語意的記憶是需要連結的，因為我們的腦不是生來儲存不重要的訊息或是連結不需要的事情。學生們常常會說：「我知道！我知道，可是卻想不起來。」這是因為訊息可能被儲存起來，但是卻不能被重新提取使用。我們可以教導學生一些方法有效的將新舊知識進行連結：

- 運用心智圖：應用非語言的組織圖，例如心智圖，幫助學生去組織和記憶學習。

- 運用同儕教學的方式，將學生配對相互核對訊息，接著老師詢問學生剛剛所閱讀的資料內容。這樣的教學方式作為講授教學的潤滑劑，協助學生將訊息意義群組化。

- 將知識進行分類與歸納，以有效管理資訊。

- 應用提問策略，例如像蘇格拉底式的詰問法，以促進學生處理訊息。

- 運用空間反映出正在學習的內容，小學老師經常應用此方法協助學生記憶內容，但是到了中學或高中此項技能竟然消失掉了。這種方法只是改變一下教室裡的空間，去營造視覺的空間記憶。

- 利用承擔某職務或其他具有象徵性的東西來增進學生的記憶。例如，我會用不同顏色的框框作為標記來解釋參考資料的結構。有時候學生忘記了，只需稍稍提醒「還記得嗎？這就是我上課時提到的，就在藍色的框框裡。」

- 可以運用幫助記憶的資訊或是故事來增強學生的印象。最近有一個新節目播放關於全國性的記憶力競賽。當時有人問參賽學

生：「你們是如何把日常的瑣事、重要的正經事牢記在心的？」有學生答道：「只要把這些事情編成故事來背，就能記得清清楚楚了。」

• 善用音樂。音樂不但扣人心弦，還能使人印象深刻。因此，可以在課堂上把音樂融入課程介紹，藉此來強化學習。

• 運用語意上的連結來幫助學生學習。例如，提供一個像表 4.2 的表格，幫助學生熟記各種數學概念。

表 4.2　數學組織圖

數學單元	公式	解析	應用實例

 ## 情節記憶系統

　　情節記憶系統的建立與事件發生的情境與地點有關（例如：你在什麼地方、什麼時候學到這些資料，或者是在什麼情境脈絡下，你知道這項訊息？）。當你在小學低年級的時候，建立了一些課程的情節記憶系統，但是隨著歲月的年長，每年每年使用此訊息的頻率降低了，除非是藝術或職涯教育，這些情節記憶到了中學便很少再使用了。位於海馬迴的情節記憶系統與我們的大腦是高度的相容，且有些訊息是當年猶新的（除非經常拿出來反覆的回顧，要不這些回憶的細節是會被扭曲的）。這也就是有很多很久很久以前的歷史故事仍然常駐在我們的心中，永難忘懷。例如，有些人會很清楚地告訴你當他聽

到美國故總統甘迺迪或是馬丁路德被暗殺時自己身處何處。經過一段時間後，事件的詳細情節雖然變得模糊或扭曲了，但是主要的主體內容仍然保留記憶著沒有忘記。原因是脈絡中發生的事件內容經常會夾雜著當事人對事件內容發生時的情緒，脈絡與情緒兩個張大的力量，讓我們無須費力把事件的相關訊息給記憶下來。因此老師要善加運用此兩種記憶的神力，在教學時加入脈絡，並賦予學生良好的習慣情緒。例如：模擬、戲劇、辯論和討論等是活絡情節記憶的教學方式。接著透過音樂、肢體活動、嗅覺、視覺和故事賦予教學內容良好的情感。別忘了至少有87%的學生需要視覺性的訊息輔助其學習，尤其是弱勢地區的學生，他們較缺乏透過語意系統的詞彙技能去學習新的事物，而擁有「說故事」（情節記憶系統的方式）的學習經驗。因此，老師們在指導這群弱勢學生學習時，要加以發掘這類系統，並將之整合於教室裡的教學活動。畢竟這類情節記憶系統無須太費力，即可讓學生輕鬆的記得單字詞彙與事實性的知識等等。教師要花心思去思考如何將情節記憶系統與語文記憶系統善加應用於教學上，幫助學生不只是獲得資訊並能有效的記憶。

事實上，詞意記憶系統是有限的（例如：有所謂的成人的記憶量7-10的數目字），而情境記憶系統擁有無限制的容量，無須太多的內在動機去儲存訊息，就能記得大量的訊息且永生難忘──只要你經常去使用它。

從情節記憶中提取

情節記憶系統比語意記憶系統更容易被活化。因此，老師可以應用情節記憶幫助學生活化語意資訊。以下所條列的內容是可以幫助學生活化情節記憶的策略。

- 應用視覺圖像學習：學生經由圖示方式可以更容易學習。例如英語學習者，因為學生受到詞彙理解策略的侷限，因此善用視覺圖示可以幫助學生有效的學習。

- 當學生遇到大量詞彙時，可以應用顏色編碼單位或使用象徵符號來協助學生記憶。

- 利用圖表（非語言的）統整幫助學生「看到」學習，並指導學生發展自己的圖表，以統整組織訊息。

- 當要進行到一個新單元之前先將教室擺設重新設置（這個技巧與上文提到的有關——記得當我們面對窗戶坐著時所談到的資訊）。

- 利用譬喻或象徵或服裝來幫助學生分別出學習。當老師在教污染時，老師利用框架。一組同學有一個框架叫「政客」，另一組為「新手父母」，還有一組為「工廠老闆」的框架等。每一組都應根據自己的相關框架來說明他們所學到的污染。框架提供了學習知識的背景。

有一個重要的部分需注意，Eric Jensen 提到在他進行一項工作坊時發現，若學生考試的地點與他在學習新知時的教室是同一間教室時，他們考試的成績會比在不一樣的教室所表現的成績來得比較好。從這點也可以印證我們所學到的情節記憶系統。

程序記憶系統

Jensen（1997）指出：

所謂的程序記憶亦可稱為運動神經記憶，內容是指學習騎腳踏車，記住喜歡的歌曲旋律（音樂的記憶），以及回憶花的香味

（感官記憶）。這是強烈的大腦共存。在使用身體動覺的情況下學習，所學的知識會非常容易被勾引回憶起來。事實上，這種方法常用在幼童時期的生活自理技能上的學習。幼童的生活是充滿著身體的動作，需要站立、坐騎、嘗試新的事物、吃東西、動作、玩遊戲、建構或跑等。這些與身體動作覺知有關的學習一旦習得了便能永久記住。

窮困家庭中的學生較傾向於做中學的學習方式，在這方面的學習經驗比較豐富，他們經常從做中學的過程中學會各項技能。同樣地，對於注意力不足、過動的學生，建議老師可以在學習內容中設計一些學習活動，是引起他們注意的有效的方法。事實上，老師經常以講解（語意的表達）的方式授課，對貧困家庭的小孩及注意力不足及過動學生而言是相當吃力的學習方式。

 ## 從程序記憶中提取

就記憶而論，程序記憶這個系統可能是最有效的。在學習新知的過程中，加入一些動作，其主要的意義在於加強與動作有關的記憶儲存及取出。有關強化程序記憶的教學策略有：

- 角色扮演。
- 戲劇。
- 以唱詩班的方式進行閱讀活動。
- 專題研究。
- 實際操作。
- 以熟練為目標的操作。
- 辯論活動。

● 分組活動。

在《十個最佳的教學策略》（Tileston, 2000）與 Marilee Sprenger
（1999, 2002）所著的書籍裡，我們可以找到另外兩個條列的記憶系
統。如研究學者 Jensen（1997）認為有五個記憶系統，其中兩個是衍
生自原有的三個系統，其衍生出的兩個記憶系統如下：

自動化記憶：這種記憶系統在小腦中被發現，稱為條件制約反射
記憶，因為自動化是條件制約作用的結果。如何使這個系統運作的方
法包括乘法表、字母表、解碼技巧等。使用教學卡或歌曲是為了將訊
息放入這個系統之中。

情緒記憶：Sprenger（2002）指出，這個記憶是經由杏仁核的途
徑，邊緣構造看情緒意願去篩選到的訊息，杏仁核可以非常有效的控
制大腦，因此在學習技藝的課程加入情緒成分的輔助對學習的效果會
有顯著的差別。基礎的情緒有愉悅、懼怕、驚訝、悲傷、厭惡、接
納、參與及憤怒，可以利用這些情緒來加強學習。某些學者認為情緒
不是獨立的途徑，而是一個因素可增強或關閉其他記憶系統。

有些記憶系統可能尚未被開發，不過前述所列的三種或五種系統
在協助學生有效的成功學習是有其重要的意義。

在你的課堂上，你會使用大腦中的哪種提取訊息的記憶系統？你
要如何利用這些知識加強學生的資訊提取系統？記得，你可以整合提
取記憶系統（程序）及學習因素（語意）使儲存的記憶更容易被找回。

5

陳述性與程序性知識的教導

在前幾章我們已經探討一些方法去幫助學生獲得學習上所需要的資訊。接著在本章我將探討四個議題，包括：課堂上經常使用的兩種知識，我們人類如何運用儲存於大腦的訊息，如何協助學生建立有意義的資訊網絡，和如何更有效的學習。

知識通常被劃分成陳述性及程序性兩種類型。當學生需要去執行有關步驟性的問題時，則此知識只有程序性的性質。例如：學習投籃、寫信、看長條圖或設計一個實驗時，需要運用一連串的步驟去規劃成一個排列程序。

組成資訊的部分比一連串的步驟重要時，我們稱為此陳述性知識。

在思考一堂課的結構時，第一個步驟是決定要如何教導陳述性和程序性知識。因為我們用不同的方法去學習，所以去區分陳述性和程序性知識是很重要的。我們有時候會說陳述性知識是要讓我們的學生「知道」，而程序性的知識是讓我們有能力「去執行」。

陳述性知識

所謂陳述性知識是指我們希望學生知道的知識,如同上完課後的結果。例如我正在講解一個單元,內容是一篇演講稿,教完一段內容後,我希望學生能夠認識演講稿裡的單字,以及希望學生理解文法規則。但是在口語或書寫表達是各不相同的,為了讓學生達到這些學習目標,我的腦海裡浮現一連串學習的步驟。有關這些學習步驟說明如下:

 ## 意義的建構

我們在前幾個章節討論過,資訊的接收與編碼,對大腦而言是有其意義性,接收到的訊息無法轉變成有意義時,就會一團亂,而且會變成煩人的噪音。老師可以嘗試應用一些方法在課堂上幫助學生建構自己的學習方式,例如:

1. 在學習者的舊經驗與新經驗之間,創造學習的型態與連結,幫助學生快速地去連結新知識與舊知識。大腦對於新資訊是以一種搜尋系統的模式來運作。腦部在任何時候接收到新訊息,它首要的工作就是將舊模式與新資訊進行連接。如果這個新訊息沒有辦法與你過去的學習做任何連接的話,資訊的輸入會讓人陷入混亂,而且還會懷疑大腦做的搜尋是否在新訊息的連結上發生錯誤。學生在沒有先備經驗的援助下,容易對新知識的學習產生挫折感。根據Marzano(1998)的分析指出要有效的達成學習新資訊的方法,是讓他們將舊知識與新知識進行串聯的工作。這些比制式化的告訴學生「上個星期我們上了什麼?這星期我們要上什麼新的課程?」來得有用。在美國公共電視網「早安托利佛小姐」節目中,主持人把分

數（fractions）應用在披薩的分配上。她知道學生們喜歡吃披薩，但是對於學生知道每片披薩的份量竟然不同感到驚訝。學生關心的是，買一片特價兩塊錢的披薩，其份量是否會偷工減料的問題？這時他們需要運用分數的知識來判斷披薩的大小。因此在每一堂課的開始，要幫助學生將新舊知識進行連結。我可能會用之前教過的知識拋出一個問題引導學生思考。還有一個例子：上「飢餓」這一課，我會在他們飢腸轆轆的時候，問學生說：「你現在心情如何？」以及「除了吃東西外，現在你最感興趣的是什麼？」此時，我會運用建立同理心的策略，因為大部分的學生可能沒有體會過飢餓的真正感受。同樣地，在進行歷史事件的課程，我也會將與事件內容相關的照片、音樂或是味覺去回味當時的時光。

2. 示例法，是建構新模式的學習方法。例如：在教「對稱」概念的課程，你可以用圖解的方式去解釋什麼是對稱，然後運用不對稱的圖形引導學生去比對。藉由相似的例子與不相似的例子去比較兩者之間的異同，是另一種學習概念的方法。你也許應用比較文學類型、觀點及數學概念，或者是其他概念的方法，讓學生了解你要解釋的主題是屬於哪一類型。

3. 訊息的組織。大腦喜歡以整體的組織架構方式學習，所以幫助學生組織陳述性的資訊有益於學生的學習。記住，有 87% 的學習者不是透過視覺觀察的方式，要不就是以身體操作的方式來接收處理訊息。其中以視覺型的學習方式比較有效，更重要的是運用視覺幫助學生組織訊息。接著條列一些例子，你也可以嘗試應用在課堂上幫助學生建構自己的學習方式，達到訊息組織的目標。

- 以統計圖表或是圖式法呈現訊息。
- 以圖表及圖解整理數據或訊息。
- 用圖表來表示心智圖。
- 提供記筆記的模式。

 ## 陳述性資料的記憶

敘述性的（語意的）資料，必須要透過一個連接點來幫助大腦記憶。有關可以使用連接點的教學策略，說明如下：

- 提供視覺性的圖畫幫助記憶。當你指導學生將討論的事件內容，透過想像轉化成實體可以看得見的內容時，就需要運用這些東西將抽象的討論內容轉化成實際的圖畫或者是有形的物品（這樣的學習方式對青春期或是英文程度有限的學生是很重要的，因為他們可能沒有那麼好的語言理解來具體化你所指述的事情）。
- 運用標示或註記的符號幫助記憶，例如擷取美國五大湖名稱的字頭字母組成熟悉的 HOMES：Huron、Ontario、Michigan、Erie、和 Superior。
- 以「顏色代碼」式的方法來幫助記憶或是在上新的一課前改變教室的排序。

 ## 程序性知識

所謂程序性知識是指我們希望學生學習後能夠具體實踐在教室裡所學習的事情。例如在會話的單元裡，我希望學生能在他們的寫作或口語表達中，應用一些學習單元學到的對話。因此，我會應用「段落改錯」的評量法來評估他們的能力，協助學生逐一地辨認出錯誤的地

方並改正,達到學習與教學的目標。為了使學習內容成為長期記憶,將知識分析成許多不同的程序步驟來記憶形成程序性知識。這些程序包含如下說明:

 建立心智模式

建立心智模式是學習技能或程序的第一階段,與發展步驟的初步模式一樣,所以學習程序性知識,就是學習這些程序的步驟,進而了解其如何運作。建立心智模式的方法,說明條列如下:

- 透過教師自己放聲思考式的親身示範,教導學生按照程序表達。舉例來說,一個法文老師可能會將句子以文法分解成小部分時放聲思考。學生觀察了,也會在解題時跟著同樣做。
- 提供並示範寫作的步驟,舉例來說,老師提供學生打油詩的寫作方法和步驟。過程中,以朗誦打油詩的方式示範每一個步驟。
- 提供學生示範或例子。
- 教導學生使用流程圖或是其他可觀察的範例。舉例而言,學習氣候這個單元時,老師可以把學生分成小組,然後請他們畫出一種氣候的圖案,以及每個步驟的流程圖。
- 教學生在心裡默唸,背誦著每一個步驟。例如:一個體育老師會要求學生在投籃前先在心裡練習投籃的順序。
- 把學生舊能力和新能力做連結。

 具體化

學習新技能或處理資訊的程序性知識的第一步,是打造一個初始的心智模式。一旦你開始使用新技能或程序,你可能會改變你最初的心智模式。你會發現什麼是行得通,什麼是行不通,因而做出適當的

回應，像是修改你的方法，加入新東西或是刪除不必要的東西等等，這就叫做具體化（shaping）或是塑形。舉例來說，你為了演奏一首很長的樂章，需要建立一個原始的心智模式，過程中你會發現一些可以幫助你，完美演奏的捷徑或手法（Marzano, 1992）。

以下是一些幫助學生將程序性知識具體化的方法：

- 親自示範、提供新技能或程序。以一個老師而言，提供常規或是以啟發式教學的方法，教導他們如何「執行或操作」新程序是很重要的；此外，在評估前提供足夠的機會給學生練習他們所學到的東西。

- 指出一般人在過程中常犯的錯誤或易掉入的陷阱。舉例來說，老師示範閱讀等高線地圖時的步驟，事先告訴學生一般經常搞混的等高階層，而發生對特定幾項等高線做出錯誤的假設。

- 提供學生各式各樣不同的情境，讓學生可以使用特定技能或程序。舉例來說，一個教寫作的老師示範她如何在編輯文章這個程序時，讓學生為不同的讀者改寫同一篇文章，並比較兩者的差異。

 ## 自動化

學習新技能或程序最後一部分，就是在不自覺的狀態下，而自動地做某事。以下是一些教學的指南。

- 足夠的練習。幫助學生自我評估精熟學習所需的練習量，以及自己的速度與正確性。

- 幫助學生詳細記錄他們的學習情形，並且自我評估工作的表現。

- 提供學生學習後設認知的機會。

- 提供學生一些註解標示自己學習狀況的工具，讓他們可以自我

評估。註解則代表不同的表現，有不同的描述符號（譯註：類似以前小學老師使用☆來評量學生作業好壞，☆越多就表示寫的越好，△則代表不認真的意思，看到符號學生就會知道自己寫的好不好了）。

使用具有陳述性跟程序性知識的教材

我們來看看在小學或中學的課程該如何具體的實施其步驟。對於國小課程，我使用著名的John Bianchi的《暴風雨晚上的玻克威學校》這本書；至於中學課程，則是使用我最喜歡的O'Henry所寫的短篇故事「二十年後」（*After Twenty Years*）。

小學範例

我會在課程計畫裡清楚地條列說明我在教學裡所要達到的陳述性目標。以我在《暴風雨的晚上玻克威學校》被大風雪困住的課程內容為例說明，學生必須懂得：

- 課本上的詞彙。
- 有關「大風雪」災害的概念。
- 由學生自己做選擇。
- 學生要分辨角色和自己的相似及相異處。
- 事情發生的順序性。

學生要達到上述的目標是有一些程序必須要知道的。第一個步驟就是要從故事內容建構出意義。

• 如何幫助學生建構意義呢？

以學習「生字詞彙」為例說明，首先我會問學生說：「你覺得這個字是什麼意思？接著告訴他這個字的定義，並要求學生用自己的話

說明詞彙的定義。」

我將運用「我們寧可」（We'd Rather）這樣的開頭用語，來了解學生在身陷暴風雨晚上的情境時會有哪些選項（見圖 5.1）。這也是讓沒有在學校經歷過暴風雨之夜的學生，對故事裡的角色產生移情作用。在這項作業，學生需要估計他們如果整晚都被暴風雪困住在學校時，他們需要進行哪些活動？以及做哪些事情？

接著安排學生進行課堂討論，關於在玻克威學校的學生和自己的學校有哪些共同的活動做的一樣（如搭乘校車、當老師要學生安靜時會舉起手、午休、打躲避球等等）？然後，我們談論兩校的差異，玻克威有哪些不同（假想學生是動物，他們吃乾草堆取代漢堡，而且他們的老師變成是一頭牛。）

圖 5.1

故事的作者是 John Bianchi，就一個在玻克威學校的課程而言，如果你被大風雪困在學校裡，你有可能會做下列所述的哪件事？

小組討論整個事情的程序。

● **如何幫助學生組織資訊？**

學生如果被大風雪困住，可以利用圖畫去決定他們可能做的選擇。

我會展示書本上的圖片或是把它放到投影機上（現行的著作法允許人們為了教學目的可以拷貝一些書本的圖片來展示給學生。可向圖書館員查詢自己國家的著作權法）。

學生可以利用圖解去比較和對照（見表 5.1）。

● **如何幫助學生儲存資訊？**

我會問學生：如果你被大風雪困住了，你會做什麼？藉此幫助學生建立其關聯性。

1. 可以利用視覺幫助學生連結。

2. 可以利用進階式組織圖，例如：比較和對比的圖解可以幫助學生資訊的轉換。轉換成與自己的生活有關的形式。

3. 鼓勵學生以繪圖來定義詞彙和語詞。

根據程序性目標，我需要在學習的過程中協助學生身體力行，具體完成一些學習活動。因此，有關這堂課的程序性目標將清楚地說明如下：

學生能夠：

1. 隨著在課堂上使用比較／對照的圖解，學生能夠比較和對照書本裡的角色。

2. 學生能夠利用故事的圖片和文字了解事情發生的順序。

為了自己能夠確認學生是否達成上述的目標，我把教學目標融入我的一系列教學活動中。首先，教師可藉由範例幫助學生建立心智的學習模式。

表 5.1　比較／對照

玻克威	比較／對照	我的學校
	他們的相似點？	
	他們的相異處：	
	飲食	
	學生	
	活動	
	氣候	

• **如何幫助學生建構心智模式？**

我可以提供學生範例去完成比較和對照的圖解。

1. 當學生在建構模式時，提供適當的回饋。

2. 當學生在操作時，提供他們樣本圖式和回饋。

3. 當學生在操作時，提供事件順序的圖解並且給予建議和鼓勵。

- **如何為學生塑造學習環境？**

老師需要提供一種自由沒有壓力的環境，讓學生自己去建構他們的模式，只要是循著正規的方法，是允許他們犯錯的。

1. 當學生在操作時，會經常提供明確的回饋。
2. 規劃課程時，會安排學生與他人合作的機會，學生可以從同儕身上獲得回饋。
3. 當學生需要時，我可以允許他們重新開始。
4. 要提供充分的時間給學生練習。
5. 學生可以利用標準或準則裡所描述的行為水準進行自我評量，例如：自己進行比較／對照模式，並且根據附加的規準，完成小組評量。

- **如何幫助學生自動自發的學習？**

學生要去思考如何應用老師所給予的回饋，其內容與學習的關係。

接下來，是探討如何在中學的課堂裡達到程序性知識的教學。

中學的教學範例

- **中學課程「二十年後」**

從陳述性目標得知，應用表格的一些目標或提示可以檢驗學生研讀了這篇短篇小說的理解（見表 5.2）。

表 5.2 「二十年後」 作者：O'Henry

我會……	我不會……
1.假裝是別人	
2.被叛朋友	
3.不計任何代價做好我的工作	

　　以中學的教學範例而言，根據下列目標，我可以知道學生從這堂課了解到什麼。

　　從這篇故事學生需要學會的學習目標

　　1.生字詞彙。

　　2.故事裡的兩個角色必須要做出抉擇。

　　3.選擇背後的理由。

　　4.在求生存的限制下，讓我們很難做出抉擇的理由。

● **我要如何幫助我的學生建構生字詞彙的意義？**

以提問策略來指導學生學習單字。

　　1.我會使用「我們寧可」這個工具來找出學生的抉擇，亦即藉由故事角色的移情作用理解學生所擬扮的角色以及他們的決定。

接著，以辯論形式來討論角色的選擇和什麼是交「好朋友」。

最後，由學生釐清應該由誰負責擔任這件工作。

● **我要如何幫助學生組織資訊？**

　　1.學生會認讀一些單字，那些單字是他們以前聽過，可是不確定單字的意義，或者是完全不了解那個單字的意義（詳見表5.3）。

表 5.3　生字詞彙指導

生字詞彙	定義	以前曾經聽過	以前不曾聽過	我所知道的定義

2. 我會請學生先讀一小段小說，再使用預測樹工具。預測樹工具的設計是應用預測與驗證的學習原理，讓學生主動探究後續的故事內容。預測樹的教學步驟首先是學生會先讀一段或幾個段落，然後以他們所讀到的或知道的資訊為基礎，對故事內容進行預測，接著再讀故事內容，看看故事會如何發展。學生必須尋找理由去支持自己所做的預測或推論（參見表5.4）──例如，我會問學生：「故事裡的主角說了什麼，做了什麼，還是他寫了什麼內容，讓你產生這些想法，或者是這些訊息讓你覺得會這樣發生？」預測樹是學生練習推論理解能力的輔助工具，以及讓學生練習找出故事裡所陳述的事實與意見的差異性。

3. 學生要完整地完成這項工作，以示其對學習的責任。

● **我如何幫助學生儲存資訊？**

1. 我會問學生：「如果必須跟主角一樣做出相同的決定時，你會怎麼做？」接著設身處地的問題幫助學生與故事裡的人物或情節產生關係，建立資訊的關聯性。

2. 運用高階組織圖，例如前面介紹過的預測樹來幫助學生，運用預測樹將資料陳列出來。

3. 學生會在圖表上描繪出他們對單字定義的認識。

表 5.4　預測樹

證明	猜測	證明
證明	猜測	證明
證明	猜測	證明
證明	猜測	證明

主角

有關程序性知識的做法，同樣的從教學目標的說明可以一窺究竟：

學生將會：

1. 運用圖表去確認和說明生字詞彙。

2. 繼續在圖表上描繪他們如何根據故事裡的主角人物去做決定。

3. 使用預測樹來預測故事的結局。

● **如何幫助學生建構學習的模式？**

1. 提供樣本範例給學生去完成各式各樣的圖表。

2. 當學生創造他們自己的模式時，老師會在旁引導。

3. 師生彼此擁有足夠的時間來討論和創造模式。

4. 提供充足的工具或教材。

● **如何營造一個良好的學習環境？**

1. 提供一個沒有威脅性的學習氣氛，以利於學生自由思考與創作。

2. 經常給予學生回饋。

3. 在課程設計時，會安排學生與他人合作的機會，學生可以從同儕身上獲得回饋。

4. 允許學生可以重新開始，如果他們判斷後覺得需要重新開始時。

5. 提供充分的時間給學生練習。

6. 透過預測樹工具進行自我評價自己的學習歷程與成果。

• **如何幫助學生內化資訊？**

1. 設計一個活動或練習當作學習的開頭去連結新知識與舊經驗，例如：保有一份工讀的工作、交朋友等等。

2. 將個人對故事的回應寫進學習日誌裡。

6

建立促進學習的模式

　　在前幾章我們提到辨識學生聰明與否的要素——一種快速接受訊息，以及當我們突然需要使用知識時，能夠快速從長期記憶中找出來的能力。雖然我們不能控制每一個具有影響提取記憶的步驟，但是有一些特定的程序是可以用來幫助學生更有效率的學習，並幫助他們更有效的使用記憶的方式。

　　逐步地依照所建立的模式進行教學計畫，相信有助於學生的學習。

　　結論：研究至今，科學家只告訴我們大腦有著極為複雜且令人讚嘆的構造，對於記憶及學習的影響，卻尚未有精確的證據告訴我們結果是如何。不過，研究發現告訴我們，對於外來訊息的處理我們可以不只是努力的記憶，而是可以應用更聰明的方法來處理，同時運用訊息處理的方法幫助學生有效的學習，藉此從中得到一些訊息幫助我們以更有效率的教學去教導學生。過去我們老師需要透過經驗與不斷摸索、試驗，來增長自己的教學專業知能來教導學生。現在研究資料以更具體的數據幫助我們可以更有信心地做對的選擇。比方說，因應學

習者的學習風格提供適切的學習媒介，例如：學習速度較慢的學習者
必須用他們喜歡的方式來協助他們學習，提升其學習品質。我們也知
道大部分的學生在對知識有所感受之前，要先「看到」學習。畢竟以
語言的及非語言的模式呈現訊息，可以增進大腦的學習。大腦會主動
將外在新訊息與內在資訊鏈進行連結，加上許多學生是視覺型的學習
者。在學生將訊息送到長期記憶之前，這些學到的知識不只要合理，
也要對學生本身產生重要性。這與以前的模式提到的學習需要合理，
不需考慮對個人的意義或重要性的觀念是大不相同的。

　　各位老師，我們生活在一個充滿驚喜的教育時代裡，即使在教學
時面對所有的學生，以及面對所有學生是否都可以通過測驗的壓力，
知識讓我們比從前更了解如何協助學生成功的學習。

表 6.1　「按部就班」模式促進學生的學習效能

步驟 1：計畫在學習活動中使用陳述性與程序性目標

在自己的班級上選擇一節課。將本書提到的一些問題應用到那一節課上。
什麼是你的目標？
陳述性目標：學生將知道
1.
2.
3.
程序性目標：學生將會
1.
2.
3.

步驟 2：如何將身體的五官知覺運用在你的教學活動裡？

視覺：

聽覺：

嗅覺：

觸覺：

味覺：

步驟 3：你的教學屬於下列哪一個模式？你如何設計所屬的教學模式？

視覺型：

聽覺型：

動覺型：

步驟 4：資訊處理

你如何確認學生將新知識與舊知識進行連結？

學生是否將新知識內化形成一個組織圖？

步驟 5：工作記憶

你如何知道學生已善用記憶種類，尤其是：

語意記憶：

情節記憶：

程序記憶：

步驟 6：評量

你如何向學生溝通說明你對學生的學習期望？

字彙摘要

學習成就落差（Achievement Gap）

「成就」意指達成目標或精通熟練的程度。如果在達成目標的程度上出現落差，那就要分析數據資料以便找出某些學生無法像一般學生達成目標的原因。舉例而言：在觀看學生的測驗資料時，同時注意正規教育中的學生每年增加多少知識。比如說正規教育裡的學生獲得1.2個增加，或是一年兩個月。現在看看這些學生，有第一名的學生、資賦優異的學生、男生、女生、西班牙學生、非裔的美國學生、本土美國學生和其他學生，是否在學習上也有相同的成長。若沒有，則這些學生中就存在著成就落差。

活化學習（Active Learning）

活化學習包括憑藉大腦啟動的訊息處理和知識利用，像是判斷、探究、研究、解決問題、比較等等。包含訊息處理和知識應用的教學含有啟發教學的應用。啟發式教學意指學習像程序般知識的普遍規則。

基本能力（Basic Skills）

在小學和中學階段，預期學生需要具備閱讀、寫作和數學運算的基礎知識和技巧稱為基本能力。

美國教育視導與課程發展協會（Association for Supervisors and Curriculum Developers, ASCD）認為基本能力係指學生無論是在學校或生活中都必定要獲得的基礎技巧。多數人認為基本能力是指閱讀、

寫作和運算的能力。然而，還有其他人將這個詞的意義擴及至使用電腦的能力、與人共事的能力，甚至是處理接連不斷的挑戰的態度。

以大腦知識為基礎的教學（Brain-Based Teaching）

以大腦知識為基礎的教學是指應用多種能同時活絡知覺感官的學習途徑。例如，指導學生三種不同的學習途徑或提供學生活絡思考的方法都是應用大腦知識基礎教學。

教練（Coaching）

教育學家將某人幫助另一個人習得一項技巧的學習情形稱為教練。教師可能是那個教練，學生也可能扮演教練的角色。

認知發展（Cognitive Development）

認知發展開始於出生時，它透過感官察覺力、記憶力和觀察力的學習過程。孩子於出生後進入影響著他們「學什麼」和「怎麼學」的文化及背景。來自豐富環境（家長和照顧者與孩童一起閱讀、教孩童字母和數字、跟孩童玩遊戲或參觀博物館）的孩子到學校準備好要學習。來自貧乏或過度環境的孩子通常缺少大部分或是全部的學前優勢。為了刺激這些學童的認知發展，教師使用某些策略，像是將教學納進普遍的訊息中，並以特定的學習情境作為輔助。

建構論（Constructivism）

建構論是一種以「人如何學習」作為基礎的教學方法。許多研究者表示，比起從他人接收資訊，每個人都更傾向自己建立意義。某些人對如何完成建構式學習有些爭論，但許多教育學家仍相信讓學生理

解抽象概念的最好辦法是透過探索、推論和討論。

建構論應用大腦活化教學研究的關係，首先是將新知和學生已知的知識或經驗相連結，接著，建構論協助學生產生有助於大腦儲存資訊的學習模式，並且在需要使用時幫助學生重新提取訊息。建構論傾向教師的教學是活化大腦以利於學習的途徑，而非只侷限於語意的學習途徑。

陳述性知識（Declarative Knowledge）

陳述性知識是回答學習裡有關「what」的問題，回答那是什麼、什麼意義，以及要學什麼。陳述性知識也許包含步驟、事實、概念、理解和原則。藉由詢問學生有關知識的例子與原因、分辨學習內容相似與相異性來評量學生的陳述性知識。一般，學校多是測量學生的陳述性知識，例如：學生無法說明分數，因為他們不知道那是什麼也不知道該如何使用。擁有陳述性知識後，接續著程序性知識，包含技能和過程。

個別化教學（Differentiated Instruction）

個別化教學是指在同一班級裡，學生有不同的學習能力，老師藉著使用不同的學習材料、分配不同的功課或作業配合其他的學習活動，例如合作學習。

實施個別化教學的前提是，老師充分理解學生的學習是有個別差異的存在（Tomlinson, 1999）。教師為每位學生提供適宜的學習環境，並仍以高評量標準為目標。依此原則教師不斷地努力回應學生的需求。教學過程中的學習內容、過程和學習成果依據學生的準備度有系統的修正。實施個別化的教學，其主要的原則包含下列幾點：

- 教師清楚該課程的重點。
- 教師理解、察覺和建立學生的個別差異。
- 教學和評量是同時運作的。
- 教師隨時監控並調整教學內容、過程和結果。
- 個人成就和成長的最大量是主要的兩個目標。
- 執行個別化教學時需要因應學生的需求靈活彈性運用。

進行個別化教學需要注意三個面向（Tomlinson, 1999）：學習評量、學習動機和學習成效。此與學生的意願、興趣和學習均有密切的關係。

情節記憶（Episodic Memory）

情節記憶系統必須處理背景。在哪裡習得資訊？學習的背景是什麼？情節記憶一旦形成便會形成一個牢固的記憶系統，特別是需要不斷地被使用這些情節內容時。這是個容許我們記住某些事件發生的記憶系統，即便那些事件是發生於好幾年前。發生事件的細節也許會被扭曲，但大部分的資訊仍繼續留在記憶系統中。過程中，若滲入情感到記憶系統裡，則記住的時間長度幾乎是毫無限制。回憶時，我們藉由在鄉間的旅行、視覺上房間內建立訊息、創造刺激、以顏色區別各單元或單字卡等方式來喚起記憶。當測驗進行於數學教室而非英語教室時，我們的數學成績總是會比較好。教師教學時，需要思考如何與情節記憶系統發生合作；例如，考試的場所若是在第一次獲得訊息的地方，學生會感到比較舒適。在自助餐廳對學生進行測驗有什麼意義？

所以，在進行決定性的考試時，我們會建議授課老師能夠出現在考場，讓學生知道你也在場。在施測的環境中，監考代理老師從學生身上獲得的回應或成效總是比較差是因為情節記憶系統的關係。

外顯化教學（Explicit Instruction）

外顯化教學是一個由教師主導的策略，過程包含授課演講、詰問法、訓練和實際操作，或實地示範特殊技巧的資訊或步驟。例如，應用外顯化教學指導學生使用圖像式的組織圖，更有利於學生應用此學習方法。外顯化教學步驟包含教師示範的案例，接著由教師引導學生實作練習，包括案例的練習和非案例的練習。

接著，學生在實作的過程中，教師給予立即的回饋。

最後是希望不需要老師在旁跟隨指導，學生能夠獨立完成作業（像是回家作業）。

組織圖（Graphic Organizers）

圖解組織者是一個重要的教學策略，幫助學生評估或修正一個能儲存於長久記憶中的內心語意訊息圖像。對大腦來說，圖像比文字容易儲存和重新取得。圖像組織協助學生進行「精緻處理」將學問植入大腦。圖像組織是一種視覺組織的方式，為了連結新知識和先備知識，所以協助將訊息組織成為圖案。

建立內心的圖像、畫圖，過程中加入動覺活動，是成功應用圖像組織的方法。

啟發式教學法（Heuristics）

啟發式教學是普遍的規則、手段和策略，不同於固定的步驟規定，是一種需要學生抉擇、實驗探索、解決問題、調查、閱讀、談論和聆聽的學習活動。學生專心的應用和練習一般規則、手段和策略，以改善自己的學習。進行啟發式教學時，教師需要能夠提供學生學習內容的架構與要素，以及操作歷程的次要素。隨著本書所要傳達的主

旨，啟發式教學被認為是應用口語表達、語言，或者以圖表呈現的一種技巧或策略，並且是一種引導應用於有利於表現的學習，包含聽、說、讀、寫、解決問題、做決定、探索和調查。

非直接教學（Indirect Instruction）

非直接式教學是以學生為主體，以活動為中心的教學法。並非由教師直接授課，而是讓學生藉由發現、建構、找出主題中的訊息來學習。

精熟學習（Mastery Learning）

教師在進入下一個主題內容前，需要嘗試確定每位學生對於前一階段的內容是否已經有八成的熟練度（已學習八成甚至更多的素材）。這個想法是假想一個主題能被細分成一個系統組織體系的連續步驟。為了讓教師在教導作品並給予具體的測驗。心理學家 Benjamin Bloom 想出了典型的精通式學習。當熟練的學生在做豐富的功課時，無法精通素材的學生則使用別種方式學習。接著對所有的學生進行總結性的測驗，直到全部學生都會通過的測驗。

後設認知（Metacognition）

後設認知是思考自身想法的過程。在教室裡，老師給學生機會回想以及評估自己的所見所學，這樣學生會對自己學的東西記得比較清楚（老師是幫忙學生讓他們知道學習的意義）。老師用的方法包括：

● 寫日記：學生具體寫下關於學習的筆記當作提醒。這類提醒詞可以是：「詳細舉出一件在學習上自己不明白的事」，或是「大略記下自己對故事中矛盾衝突的看法」。

總之，寫日記對學生的學習影響深遠。

- 離開教室許可票（ticket out fhe door）：學生需分別把今天學到的一件事和不明白的一件事記在一張紙上。「離開教室許可票」就是在課程結束後進行。這種方式有很多種變化，比如說，要求學生想辦法展現所學的數學，或是假如參觀法國的博物館時會用到的一些法文的字詞、片語。

- 學什麼、為什麼學、學了可以做什麼：讓學生填寫以三種問句架構而成的問卷：學了什麼、所學和自己有什麼關係、學了之後要怎麼應用在日常生活中。

- **PMI**：P（Positive）代表正面、肯定的意思。就是從今天所學或是在課文中喜歡的部分，舉出三件事。M（Minus）代表負面、否定的意思。就是自己對課文中有哪些問題不懂，或是仍然對某事心存疑惑。I（Interesting）是代表趣味性，也就是說有自己想編入課文中的東西嗎？例如：有趣味的觀察、問題、想法等。

教學法 （Pedagogy）

教學法既是指教學的訣竅也是一門學科，尤其是特定教學法的用途。例如，有時老師不是採直接教授的方法，而是發現式教學法。其差異性根據：

國家學術媒體（National Academy Press, NAP）發表了一份有關學生學習成就方面的報告，經過兩年密集科學研究的調查研究結果表示：從專業教學的角度來看，教師的學科知識和教學知識都非常重要。研究顯示，教師需具備充分的知識在一個議題上：

學生的文化背景和個性是如何影響學習過程。透過教學研究得知，專業知識是由許多可以應用在所有學科的方法組成。教師需充分了解自己所教的領域，並採用有效的教學法。（Gene Center, Executive Director, ASCD, Jun 13, 2002）

程序性知識 （Procedural Knowledge ）

所謂程序性知識包含技能和步驟。只要陳述性知識牽扯到「學生學到什麼？」的問題，程序性知識就會隨之出現「學生有能力做什麼？」的問題。陳述性知識這個過程通常比程序性知識要早發生。

程序性知識通常就像自我評量一樣，要求學生在一個主題上證明他們的所學。程序性知識是採分門別類的方法來畫分成功的等級。例如：針對拼字、文法、有無作弊情形來修改別人的作文；理解性閱讀；寫數學作業等。

程序性記憶 （Procedural Memory ）

程序性記憶儲存在負責肌肉協調的小腦裡。比如說，開車的整個過程都會儲存在小腦中。這項記憶系統只跟身體的肢體活動有關。和語意記憶不一樣的是，程序性記憶是靠不斷地練習來增強記憶。在幼兒時期，我們常會用程序性記憶這個記憶系統，但是當我們上學的時候，隨著年紀增長，就越來越少用了（職業課程、體能教育、藝術方面除外）。如果程序性記憶和語意性記憶兩者一起使用的話，程序性記憶可以增強語意系統。此外，增加課堂上的實作活動也是激發程序性記憶的方法。

鷹架（Scaffolding）

鷹架理論是說，老師協助學生完成複雜的工作。這項理論著重於老師邊教，學生邊做。而不是老師教完後，學生才動手做。例如：有一群國小學生要張羅出版學生報刊，老師則教導他們要如何採訪、如何寫新聞稿、如何標示圖片的說明文字等。老師之所以協助學生，是為了確保學生在進行工作的過程中不要出差錯，教師在過程擔負著監控學習的責任。所以這就讓研究人員連想到，老師的教學就像工地的工人所使用的鷹架一樣，都是協助幫忙的角色。等到學生越熟練時，老師會越放手讓他們自己負責，一直到完全不需要老師的協助為止。這種慢慢收回幫助的方式就叫作鷹架理論。

鷹架理論這個方法較難顧及每一位學生，老師進行大班教學面對的是一大群學生，但還是可以應用在大團體、小團體或個別指導上。學生人數越少，老師越有機會鼓勵並照顧到學生參與課堂活動，並且提供各個學生所需的學習方法或資訊，協助學生表現的更好。針對學生在學習上的鷹架理論，是根據掌握學生學過的知識或經驗，在教師的協助下，學生有能力可以學什麼，以及超越學生理解力的內容。大部分的學生是透過老師某種程度上的指導才得以順利學習。一開始，老師協助學生解決各種問題，再來漸漸放手讓學生獨自承擔。老師的最終目的是越來越不介入學生的學習，最後目的是讓他們能獨立學習。老師可以透過日常練習和自我檢測的步驟來幫助學生自我管理。

日常練習：日常練習就是透過不斷重複練習而形成一連串自動反應的步驟。一開始，老師針對學生的文化水平擬定一套上課方式，就是在學校上課時，用一樣的語氣和口吻依序重複所教的課程。這種有系統的說話方式也是傳授知識的方法。藉著邊說邊做的方式，老師可以向學生示範如何處理不同的工作。漸漸地，學生也能運用日常練習

這套方法，進而獨立自主，就不需要老師在旁指導了。

自我檢測：當學生有能力表達自己是如何批評、獨立完成工作時，表示學生具有某種可以自我檢測的意識了。教師透過要求學生表達自己的想法，老師才可以掌握學生的思考過程，進而向他們示範該怎麼做才對。學生透過不斷問自己問題：是否對自己所讀、所寫、是否充分的理解，與自己的先前經驗產生互動與產生意義？以自問自答的方式進行自我檢測，就不需要老師經常在旁提醒了，此亦表示學生已經達到自我檢測中最後成功的步驟。

語意記憶（Semantic Memory）

語意記憶包含了我們從字面上或是事實上所得知的訊息，這是學校最常採用的記憶系統，卻也是最沒效率的一個。因此，為了要記住這些內容，我們一定要有策略或聯想能力。大腦是記不住一些與個人舊經驗無關的內容或素材。本書提出以下三種學習上的訣竅，不僅能幫助學生學習，還能使學生牢記所學。第一個訣竅是實用性，在我們知道所學內容的實用性後，會學得更好。直接告訴學生為什麼要學，而學了之後又可以如何應用在日常生活中。學習內容越跟實際應用的內容相符，學生越會專心地學習。我以前參與過一個研討會，記得是 William Glasser 說過，他說他可以教任何人任何事，只要那件事具有實際應用到生活。他還說過，兒童已經學會了人類最難學的——語言，其他的事對他們而言就不算困難了。兒童在學語言的同時，根本不需要有人站在他們面前用卡片考他們單字。兒童之所以學得好，那是因為語言是現實生活的一部分。

第二個訣竅是形成固定模式。當大腦接收新資訊時，第一件要做的就是馬上搜尋比對大腦已知道或經歷過的事，藉此和新訊息做相關

連結。可以的話，在課程一開始就對學生說明和課程相關的學習領域內容，或形成固定模式，幫助學生學習新知。

第三個訣竅是情緒方面。可以透過放音樂、模擬情境、視覺效果、戲劇、辯論帶動教室裡上課的氣氛。情緒是腦中學習最強的力量，能夠阻斷學生的思考，但也能幫助思考。

理解式教學法（Teaching for Understanding）

理解式教學法著重於讓學生參與學習活動，透過學習活動的設計幫助學生了解複雜的主題。理解式教學法並非要求學生在老師教完後背出答案，但是不明白答案的意思。所以專家建議，要想知道學生是否真正了解課程內容，就讓學生做一項作業來證明他們真的能把所學的東西應用表現在現實生活中。舉例來說，學生可以舉行一場模擬法庭的審判來證明他們對被告一方的權利有基本的了解。

理解式教學本來就是一種程序性的方法，其中包含「學生能用所學的資訊做什麼事？」這個問題。

理解式教學法通常包含較高等的思考技巧，像是分析法（把資料分成易管理的小節）、綜合法（把資料打散，再以新方法重組）、評估法（對於某事進行評斷）。

字 彙 後 測

　　本書一開始已提供字彙表及字彙的前測,以下是字彙後測的題目及答案。請於閱讀完題目後選出一個最佳的答案。

1. 對於「理解式教學法」的說明,下列何者不是正確的?

　　A. 在自然情境下的程序

　　B. 不是正確的能夠重複陳述的資訊

　　C. 鼓勵高層次的思考

　　D. 需要理解的展示

2. 下列何者對於陳述性的目標的描述不是正確的?

　　A. 學生能學會單字詞彙

　　B. 學生能理解「語意記憶」(semantic memory)的意義

　　C. 學生能對語意記憶發展出一個模式

　　D. 學生能理解語意記憶的重要性

3. 下列何者是意義群(chunking)的例子?

　　A. 閱讀課本第 17 到 22 頁

　　B. 回答作業簿中第 4 到 20 題

　　C. 請提出你對於我們為何要在範疇內規定對飢荒的看法

　　D. 選出幾個主題作為你的計畫內容

4. 關於語意記憶的說明下列何者為真?

　　A. 語意記憶是與大腦相容的

　　B. 語意記憶需要極大的內在動機

　　C. 語意記憶的容量是無限制的

　　D. 語意記憶是在情境脈絡中的

5. 下列何者是程序性記憶（procedural memory）的例子？

　　A. 背單字

　　B. 聽演講

　　C. 看電視

　　D. 開車

6. 下列何者為情節記憶（episodic memory）的例子？

　　A. 聽演講

　　B. 去戶外旅遊

　　C. 開車

　　D. 背單字

7. 下列何者是非直接教學的例子？

　　A. 老師帶學生去圖書館，他們研究老師所出的題目內容

　　B. 老師介紹並且解釋新的單字

　　C. 老師說故事給孩子聽時，停下來發問

　　D. 老師在黑板上畫一個身體骨架的輪廓

8. 教師通常應用鷹架學習於……

　　A. 單元活動總結時

　　B. 使用於學習過程的起始點

　　C. 用於資賦優異的學生身上

　　D. 用於視覺型學習的學生身上

9. 下列何者是鷹架學習的例子？

　　A. 學生查詢生字的解釋

　　B. 學生利用小組討論找出生字的解釋

　　C. 教師帶領學生討論生字，然後詢問學生們對這些字的解釋

　　D. 教師安排學生組成小組，並要求學生用已知的詞彙腦力激盪

10. 什麼時候老師不太會使用教練式的教學？

A. 當學生進行合作學習時

B. 當學生寫課堂作業時

C. 當老師在講課時

D. 當教師正在使用提問技巧時

11.下列何者是陳述性目標的實例？

A. 學生會使用非語言的組織圖

B. 學生會使用老師指定的字彙來造句

C. 學生會分辨比較演講中對比的部分

D. 學生知道撰寫報告的步驟

12. 關於後設認知下列何者不是正確的？

A. 幫助大腦記住所學的一切

B. 應該是每一堂課的一部分

C. 能夠經由一個 PMI 來處理的

D. 是精熟學習的步驟

13.關於陳述性目標……

A. 需要發展出一個模式

B. 需要知識和理解

C. 需要動作

D. 需要意義群

14.關於真實性學習……

A. 需要死背

B. 需要外在酬賞

C. 需要記憶背誦

D. 需要活化腦部處理

15. 下列何者不是外顯式教學的例子？

    A. 合作學習

    B. 發問技巧

    C. 講述教學

    D. 演示

16. 關於程序性目標……

    A. 告訴學生學習的內容（說明什麼是什麼）

    B. 主要使用語意記憶系統

    C. 意指著去記憶事實和一些單字詞彙

    D. 意指著學習者身上的一連串動作

17. 關於「理解式教學法」……

    A. 通常是指簡單的回想

    B. 通常是指高層次的思考

    C. 一般僅指陳述性的目標

    D. 一般主要是指高風險的學生（at-risk students）

18. 關於組織圖是指……

    A. 全是非語言性的工具

    B. 是聽覺型學習者的工具

    C. 是意義建構的一部分

    D. 是連續性的

19. 下列何者不是教學法的例子？

    A. 課程的教學

    B. 課程的規劃

    C. 應用在教學工作上

    D. 學生的評量

20. 關於後設認知的描述，下列何者不是正確的？

　　A. 後設認知是一種為了上課而設計的活動

　　B. 後設認知是以教師指導為主的活動

　　C. 後設認知應該是課堂中的一部分

　　D. 後設認知對學生的成功學習沒有多大的衝擊

字彙後測答案

1. A	6. B	11. D	16. D
2. C	7. A	12. D	17. B
3. C	8. B	13. B	18. C
4. B	9. C	14. D	19. C
5. D	10. C	15. A	20. D

參考文獻

Anderson, J. R. (1995). *Learning and memory: An integrated approach.* New York: John Wiley.

Gazzaniga, M. (1992). *Nature's mind.* New York: Basic Books.

Jensen, E. (1997). *Completing the puzzle: The brain-compatible approach to learning.* Del Mar, CA: The Brain Store.

Marzano, R. (1998). *A theory-based meta-analysis of research on instruction.* Aurora, CO: Mid-continent Regional Educational Laboratory.

Marzano, R. J. (1992). *A different kind of classroom: Teaching with dimensions of learning.* Alexandria, VA: Association for Supervision and Curriculum Development.

Marzano, R. J. (2001). *Designing a new taxonomy of educational objectives.* Thousand Oaks, CA: Corwin Press.

Marzano, R. J., Pickering, D. J., & Pollock, J. E. (2001). *Classroom instruction that works.* Alexandria, VA: Association for Supervision and Curriculum Development.

Payne, R. K. (2001). *A framework for understanding poverty.* Highlands, TX: Aha! Process Inc.

Sousa, D. (1995). *How the brain learns.* Reston, VA: National Association of Secondary School Principals.

Sousa, D. (2001). How the brain learns (2nd ed.). Thousand Oakss, CA: Corwin Press.

Sprenger, M. (1999). *Learning and memory: The brain in action.* Alexandria, VA: Association for Supervision and Curriculum Development.

Sprenger, M. (2002). *Becoming a wiz at brain-based teaching: How to make every year your best year.* Thousand Oaks, CA: Corwin Press.

Tileston, D. W. (2000). *Ten best teaching practices: How brain research, learning styles, and standards define teaching competencies.* Thousand Oaks, CA: Corwin Press.

Tomlinson, C. A. (1999). *The differentiated classroom: Responding to the needs of all learners.* Alexandria, VA: Association of Supervisors and Curriculum Developers (ASCD).

國家圖書館出版品預行編目（CIP）資料

所有教師都應該知道的事——學習、記憶與大腦／
Donna Walker Tileston 著；簡馨瑩譯.
-- 初版. -- 臺北市：心理，2011.08
　　面；　公分. --（教育現場系列；41139）
　　譯自：What every teacher should know about
　　　　　learning, memory, and the brain
　　ISBN 978-986-191-446-6（平裝）

1. 學習心理學　2. 認知學習

521.1　　　　　　　　　　　　　　100011005

教育現場系列 41139

所有教師都應該知道的事——學習、記憶與大腦

作　　者：Donna Walker Tileston
譯　　者：簡馨瑩
執行編輯：高碧嶸
總 編 輯：林敬堯
發 行 人：洪有義
出 版 者：心理出版社股份有限公司
地　　址：台北市大安區和平東路一段 180 號 7 樓
電　　話：(02) 23671490
傳　　真：(02) 23671457
郵撥帳號：19293172 心理出版社股份有限公司
網　　址：http://www.psy.com.tw
電子信箱：psychoco@ms15.hinet.net
駐美代表：Lisa Wu（Tel: 973 546-5845）
排 版 者：辰皓國際出版製作有限公司
印 刷 者：呈峰彩色印刷有限公司
初版一刷：2011 年 8 月
初版二刷：2013 年 2 月
I S B N：978-986-191-446-6
定　　價：新台幣 120 元